「西郷隆盛」を子どもにどう教えるか

山元研二
鹿児島県公立中学校
社会科教師

高文研

はじめに

西郷隆盛は歴史上の人物の中でも特に人気の高い人物の一人である。書店の棚にも西郷隆盛の名のついた書物が所狭しと並んでいる。かつて内村鑑三が著書『代表的日本人』の中で「新日本の建設者」として扱ったのをはじめとして、佐高信から頭山満まで左右幅広い人々に支持者が広がっているのが特徴である。西郷隆盛自身は多くの言葉を残しているわけではないが、そうであるがゆえに多くの期待と想像を一身に集めているかのようでもある。

私は、鹿児島県に生まれ育った人間であるが、鹿児島県における西郷隆盛の人気はまさに「別格」である。鹿児島では西郷のことを「西郷隆盛」と呼び捨てにせず、「西郷さん」と呼ぶのが普通である。はたして高知県民が坂本龍馬を「坂本さん」と呼び、山口県民が木戸孝允や伊藤博文を「木戸さん」「伊藤さん」と呼ぶであろうか。鹿児島においてはその神格化の度合はすでに天皇以上のものである。私も小さい頃から「西郷さん」は偉い人だと思ってきた。「なぜ偉いのか」を吟味した記憶はないが、「偉い人だ」とずっと教えられてきたしそう思い込んできた。鹿児島県のほとんどの人がそう思ってきたのではないだろうか。

一九七七年、西郷没後一〇〇年の年に八月から一〇月の二カ月間にわたって鹿児島市で「大西郷博」（鹿児島県・鹿児島市・南日本放送主催）なる行事が行われたことを覚えている。なお、同年九月から一一月に開かれたもうひとつの博覧会「南日本博」（鹿児島市・南日本新聞社主催）も別名「西郷どん博」と呼ばれていた。個人名を冠した博覧会がほぼ同時期に二カ所で行われることなどそうはないのではないだろうか。

しかし、「西郷さんは偉い人」と思わされてきた私が、「どうしてそこまで西郷を持ち上げる必要があるのだろうか」と思うようになったのは「西郷博」の二年後、一九七九年のことであった。その年に大久保利通の銅像が鹿児島市の中心を流れる甲突川《こうつきがわ》沿いの高見橋《たかみばし》近くのライオンズ公園に建設された。文化勲章受章者で鹿児島県出身者である彫刻家中村晋也が手がけた堂々たるものである。大久保が紀尾井坂《きおいざか》で暗殺されてから一〇〇年後のことであった。ちなみに、鹿児島市にある西郷の銅像が建設されたのは一九三七年のことである（一三八ページ参照）。上野の西郷の銅像はそれをさかのぼること三九年前の一八九八年である（一五五ページ参照）。

大久保の銅像ができるはるか昔に西郷の銅像は作られている。上野の銅像はもちろん鹿児島の銅像もなかなか有名である。それに比べて大久保の銅像は、建設が遅れただけでなく注目度もイマイチであると言ってよい。鹿児島県において西郷に比べて大久保がいかに不人気であるかを証明するものである。大久保の銅像ができた時に「そんなものはいらない」という声があったり「西郷銅像より大久保銅像が高さで勝るのはけしからん」という声があったという話を多くの人から聞かされた。当時、大久保銅像の近くのアパートに住んでいた私は、ライトアップもされているのに記念撮影する者も少ないその銅像を見ながら、「西郷に比べてどうしてこうも大久保は人気がないのであろうか」と不思議に思って眺めていたのを覚えている。

その後、大学の史学科に進み近代史を専攻した私は当然いくらかの近代史

大久保利通像（鹿児島市西千石町１）

の資料・書籍に目を通すことになったが、「歴史上の人物」として西郷が大久保を大きく凌駕する人物であるようには思えなかった。大学を卒業して故郷の鹿児島県の教員となったが、やはり鹿児島では西郷は相変わらず「偉人」であった。国政選挙の際に保守・革新両方の立候補者が新聞紙上に尊敬する人物に「西郷隆盛」を挙げてもいた。そうしないと票が逃げるのであろう。

その一方で、西郷を「偉人」ととらえない人たちがいることもわかった。教員として奄美大島に赴任した時に、「西郷は好きではない」と公言する奄美の人と多く出会った。それは、いわゆる薩摩藩による過酷な（黒糖）収奪に対する一般的な被差別の感情より出たものというだけでなく、西郷に関する具体的な事実をともなうものであった。一九九六年には郷土史家片岡吾庵堂《かたおかごあんどう》（故人）が『言いたい放題でごめんなんせ　横目で見た郷土史』（高城書房、一九九六年）という本を出し、西郷や島津を中心とする歴史観に異議を唱えた。片岡の講演を聴いたことがあるが、史料にもとづいた興味深い話ばかりであり、一種の「爽快感」を覚えた記憶がある。

この本は、いわゆる学術書ではないので個々の歴史的事実を緻密に論証しようとするものではない。鹿児島県で生きてきた人間として、西郷隆盛という「偉人」を「歴史上の人物」

としてとらえ直し、「どのようにして偉人となったのか」を様々な視点から検討し、本当の意味で西郷隆盛を身近な人間として評価して「偉人」から解放しようとするものである。

「偉人」としておきたい人たちにとっては不愉快なことかもしれないが、実像に近い「歴史上の人物」として見ることであらためて西郷を評価することもできるのではないか。

おそらく、西郷もきっと「そいでよか。偉人は窮屈やっど」と言ってくれるのではないかと考えている。

装幀・中村くみ子

＊——目次

Ⅳ 西南戦争の大義名分は「西郷暗殺計画」だった

I

西郷隆盛の〝聖地〟を歩く

南洲墓地

西郷の〝聖地〟は南洲墓地周辺であろう。西郷の墓を中心とした西南戦争の西郷軍の戦死者を祀った南洲墓地、西郷を祀った南洲神社、西郷を顕彰するために作られた西郷南洲顕彰館が鹿児島市上竜尾町《かみたつおちょう》の高台に集まっている。この一帯をまとめて南洲公園とも言う。なお、「南洲」は西郷の号であり、鹿児島の企業名・商品名に幅広く使用されている。西郷は西南戦争で政府に反乱を起こした「逆賊」「国賊」の首領である。したがって、いかに戊辰戦争の功労者であっても、靖国神社はおろか鹿児島の護国神社にも祀られてはいない（筆者註―地方の招魂社では同じ敷地に祀られていることもある）。

一八七七年九月二四日、鹿児島市の城山で自決した西郷は、検死が終わると、当時の鹿児島県令《けんれい》岩村通俊《みちとし》の計らいにより、その日のうちに浄光明寺《じょうこうみょうじ》（筆者註―現在の南洲神社の鳥居付近）に仮埋葬されることとなった。一八七九年には鹿児島市内外に仮埋葬されていた二二〇余名の遺骨を同地に収容して参拝所が設けられた。さらに、一八八三年には九州各地の西南戦争激戦地に散在していた死者の遺骨を収集して、現在のような広大な墓地

南洲墓地（鹿児島市上竜尾町２－１）から桜島を望む

を形成するに至った。現在ある墓碑数は七四九基、戦没者総数は二〇二三人にのぼる。

桜島を眼前とする場所に南洲墓地はある。先祖の墓を大切にする傾向の強い鹿児島県民であるが、「西郷さんにはぜひこの場所を」と思って用意したのであろうかと思うほどの絶景が広がっている。

西郷の墓は墓地の中心に聳《そび》えるように建っている。左右には腹心であった桐野利秋《きりのとしあき》、篠原国《しのはらくに》幹《もと》の墓が脇を固めるように建っている。そして、その周辺には西郷の介錯をしたとされる別府晋《べっぷしん》介《すけ》や盟友とされる桂久武《かつらひさたけ》らの墓が林立している。さらに、西郷らの墓から一段下がった墓地には一〇代、二〇代の若い兵士の墓が多くみられる。西郷を慕って従軍した山形県の旧庄内藩

西郷隆盛の墓

士のものもある。

国内最大の内戦となった西南戦争には約一万三〇〇〇人の私学校兵と、高鍋《たかなべ》隊、延岡《のべおか》隊、飫肥《おび》隊、佐土原《さどわら》隊、熊本隊、協同隊（民権家を中心とする熊本の部隊で宮崎八郎が参謀を務めた）、竜口隊（熊本の中津大四郎《なかつだいしろう》を中心とする部隊で熊本郊外の竜田口に本営を置いたことから竜口隊と呼ばれた）、報国隊（大分県竹田の部隊で堀田政一《ほったまさかず》が中心となる）、人吉隊（熊本県人吉を中心とする部隊で神瀬鹿三《こうのせしかぞう》が中心となる）、中津隊（大分県中津の部隊で増田宗太郎《ますだそうたろう》が中心となる）など、熊本・宮崎・大分などからの参加を含めて約三万人が参加したといわれており、対する政府軍は約六万人といわれている。ちなみに死者数は西郷軍が六〇〇〇人、政府軍はそれを上回る一万六〇〇〇人といわれている。

南洲墓地の墓もたくさんあるように思えるが、ここに葬られている戦死者は西郷軍戦死者総数の三分の一に過ぎない。

西郷軍に参加しなかった人々

墓地をひとめぐりして思うのは、墓碑銘に刻まれた者たちの年齢が概して若いということである。下は一四歳という年少者から二〇代を中心とする若者が実に多いということに気づく。この事実は何を物語っているのであろうか。

多くの若者が志願して西郷軍に加わったことは事実であろう。しかし、当然のことながら志願しない者もいたし、渋々従軍した者もいた。

最もまとまった動きを見せたのは島津家に対する旧恩を重視する人々であった。西郷軍の部隊編制が始まった時に、旧藩士たちの間で大きな話題となったのは島津《しまづ》久光《ひさみつ》・忠義《ただよし》の旧藩主親子がどのような行動をとるかということであった。「一緒に従軍するらしい」「全く関係ない」という様々な情報が飛び交い、旧藩士たちを大いに惑わせたらしい。実際に西南戦争が始まり、戦火が鹿児島に及ぶと、久光・忠義親子は戦火を避けて桜島に避難した。この時に、「殿を護衛する」と称して数千人の旧藩士が桜島に渡ったという。

西郷と久光の長年にわたる確執は有名である。西郷にとって久光は斉彬《なりあきら》を超える存在ではなかったため、久光に対して不忠ととられても仕方がない言動があったのは事実である。

戊辰戦争に従軍した旧藩士たちには城下士を中心に西郷を支持する者たちが多かったが、留守を預かった久光の側近グループには西郷の活躍や名声を喜ばないものも多かった。

特に廃藩置県や廃刀令、秩禄処分などに代表される明治新政府の改革は久光とその支持勢力にとっては薩摩藩という組織そのものを解体していく政策であり、我慢ならないものであった。したがって、その政権の中心にいた下級武士出身の西郷や大久保への風当たりは強かった。

また、地方の有力郷士の人々にも不参加のものが多かったという。西郷軍に従軍したものに若者が多かったという事実は、逆に考えれば西郷に近い年齢や幹部級の年齢の人物が少なかったということでもある。上の年齢層の郷士はすでに一家の戸主であり地域社会において重要な地位を占めていた。旧薩摩藩時代、その三割近くを武士が占めていたことは有名である（筆者註—江戸時代後期の全人口に占める武士の比率は約七％といわれている）。廃藩置県後、そのほとんどは武士の特権を剥奪された。その不満が西南戦争に直結したわけであるが、年を重ねた多くの武士はその運命を受け入れ、地域社会、特に産業界において指導的立場にあったのである。その人々にとって何より重要なのは殖産興業であった。具体的に言うと「地域振興」である。人材を失い郷土を荒廃させるかもしれない戦争には批判的であったのである。残念ながらその心配は見事に的中することになる。

そのように「非西郷派」は決して東京の中央政府ばかりにいるのではなく、西郷の地元鹿児島にも数多く存在したという事実をここでは指摘しておきたい。

南洲神社

一八七九年、南洲墓地の一角に設けられた参拝所は一九一三年に南洲神社となり、現在に至っている。西郷の命日である九月二四日には毎年例祭が行われており、没後一〇〇周年、一三〇周年など節目の年には多くの参加者が訪れる。二〇〇七年の一三〇周年の際には黒塗りの右翼の街宣車が駐車場を埋め尽くしていた。

南洲神社境内に立つ常夜燈

境内の鳥居近くには勝海舟の歌碑があるが、そこには「ぬれぎぬを干そうともせず　子供らがなすがままに果てし君かな」という歌が刻まれている。「可愛がっていた私学校の生徒たちにかつがれるままに（西郷は）反逆の徒となり死んでしまった」という意味であろうか。その横には巨大な常夜燈がある。一九三九年に東京市から寄贈建立されたものである。勝海舟との会談による江戸城無血開城により戦火を免れた東京市民から西郷への感謝の気持ちをこめて贈られたものである。日中戦争の最中である当時は、西郷は「国賊」の汚名はとっくに払拭し、国策の流れに乗った紛れもない「偉人」「英雄」の地位を獲得した頃であった（一五八ページ参照）。そのまさに日中戦争が始まった一九三七年に鹿児島の地に西郷銅像が完成している（一三八ページ参照）。着流しの上野の西郷銅像とは違い、陸軍大将の軍服姿であることにこの時代の流れが影響していることは間違いないであろう。

この歌碑と常夜燈の前では、毎週日曜

「旅順陥落記念」碑

日午前九時より旧薩摩藩士の剣術である薬丸《やくまる》示《じ》現流《げんりゅう》の稽古が主に保存会とその子どもたちを中心に行われている。島津家菩提寺であった福昌《ふくしょう》寺《じ》跡でもその稽古が行われている。「西郷」と「島津」は学校教育、社会教育の双方において今でも鹿児島では大きな影響力を持っているが、このことに関しては改めて紹介することとする（一七八ページ参照）。

文字通り西郷を神として祀る南洲神社の礼拝所の脇に大砲の弾をかたどった小さな碑が建っている。よく目を懲らして見てみると、「旅順陥落記念」とある。日露戦争にて、旅順が陥落したことを西郷に報告した記念碑ということであろうか。なぜこの一角にそのような碑を建てる必要があったのか。それは、死後西郷が「大陸膨張」の先駆け的人物として神格化されたことを考えれば十分説明できそうな気がする。

また、以前訪れた時には社務所の建物の間に「朝鮮石」と呼ばれる真っ白な石塔が建っていた。しかし、現在その塔はない。その経過については韓国の『聯合《れんごう》ニュース』(二〇〇九年八月二五日付)が次のように伝えている。

日本が慶尚南道・鎮海の軍施設整備中に発掘し、持ち帰った「望柱石」が九十九年ぶりに国内に返還された。文化財庁は二四日、望柱石を保管していた鹿児島県の南洲神社から返還を受けたと明らかにした。望柱石は墓の前に置く「魂遊石」の左右に立てる八角の石柱。返還された石の表側には漢字で「朝鮮石明治四三年八月二九日」と刻まれている。文化財庁はこれについて、日本が韓国の国権を奪った一九一〇年八月二九日を記念するために日付を入れ、日本に持ち出したためと推定している。石は高麗時代のものと推定されており、保存処理などを経て二〇一二年に鎮海に建てられる海軍歴史博物館に展示される予定だ。石が保管されていた南洲神社は「征韓論」を掲げた西郷隆盛を祭る。文化財庁は鎮海市、駐日韓国文化院、山口おさむ鹿児島県議会議員らの支援と協力で返還に至ったと説明している。

一九一〇年はいわゆる「韓国併合」の年である。韓国から持ち帰ったこの石柱が南洲神社に持ち込まれ、それを二〇〇九年に関係者の話し合いを経て韓国に返還したということである。問題は、なぜ南洲神社に持ち込んだかということである。それは、おそらく「征韓論者」である西郷に理由がある。

西郷は、日露戦争時においても、韓国併合時においても、すでに大日本帝国の大陸膨張政策に沿った「偉人」「英雄」であったということの証明であろう。

西郷南洲顕彰館

南洲墓地の南の一角には、西郷南州顕彰館という建物がある。記念館でもなく資料館でもなく顕彰館と名付けられているところにその特徴がある。一九七七年、西郷没後一〇〇年記念事業として全国からの浄財により建設されたというが、翌七八年に鹿児島市立となり（鹿児島市教育委員会生涯学習課所管）、公益財団法人西郷南洲顕彰会が管理を受託し運営している。西郷隆盛は鹿児島市民の税金により顕彰されているのである。館内の展示は文字通り顕彰そのものであるが、付属の学習施設ではよく「西郷南洲遺訓学習会」なるものが開かれているし、西郷が詠んだとされる漢詩の吟詠会も開かれる。

西郷南洲顕彰館

　また、この顕彰館を運営している公益財団法人西郷南洲顕彰会は『敬天愛人』なる研究紀要も発行しており、その冊子は県内各地の学校、図書館、資料館などの施設に寄贈されている。

　この研究紀要であるが、学術雑誌の体裁を整えてはいるが、中身は様々である。歴史研究者による学術論文も散見するが、西郷ファンによる随筆のような文章も多い。その中で目を引くのが次のようなタイトルである。「陰湿な権謀術数家大久保　敬天愛人の革命家西郷と対極」「西郷が信愛する大久保に不信感を持った寺田屋事件の真相」。

　特に前者の文章は強烈である。大久保の不人気は、西郷を追いやったからという理由のみではなく大久保の性格そのものにもあったということである。筆者によると大久保は「性格は暗く」「冷酷非情」であるという。そして、それを証明するために一一歳にさかのぼってその「陰湿さ」を証明していく。そして、「西郷・大久保の言行比較表」なるものを作成して西郷の優秀さ、大久保の卑劣さを強調している。これは明らかに人格攻撃であり、大久保ファンならずとも見るものは心を痛めるのではないだろうか。しかし、これも「西郷神話」のひとつの現れであることに間違いはない。

このように「西郷の聖地」においていろいろ考えたことがこの本を執筆する重要な動機である。西郷を「偉人」とする様々な理由をすべてひっくるめて「西郷神話」とするならば、そのひとつひとつの神話を検討することにより、西郷を「神」から解放してあげたいと考えている。むろん、それを受け容れられない西郷ファンも多いことであろう。ただ、「西郷神話」を考える何かのきっかけにしてもらえたらそれで十分である。

11

奄美と西郷

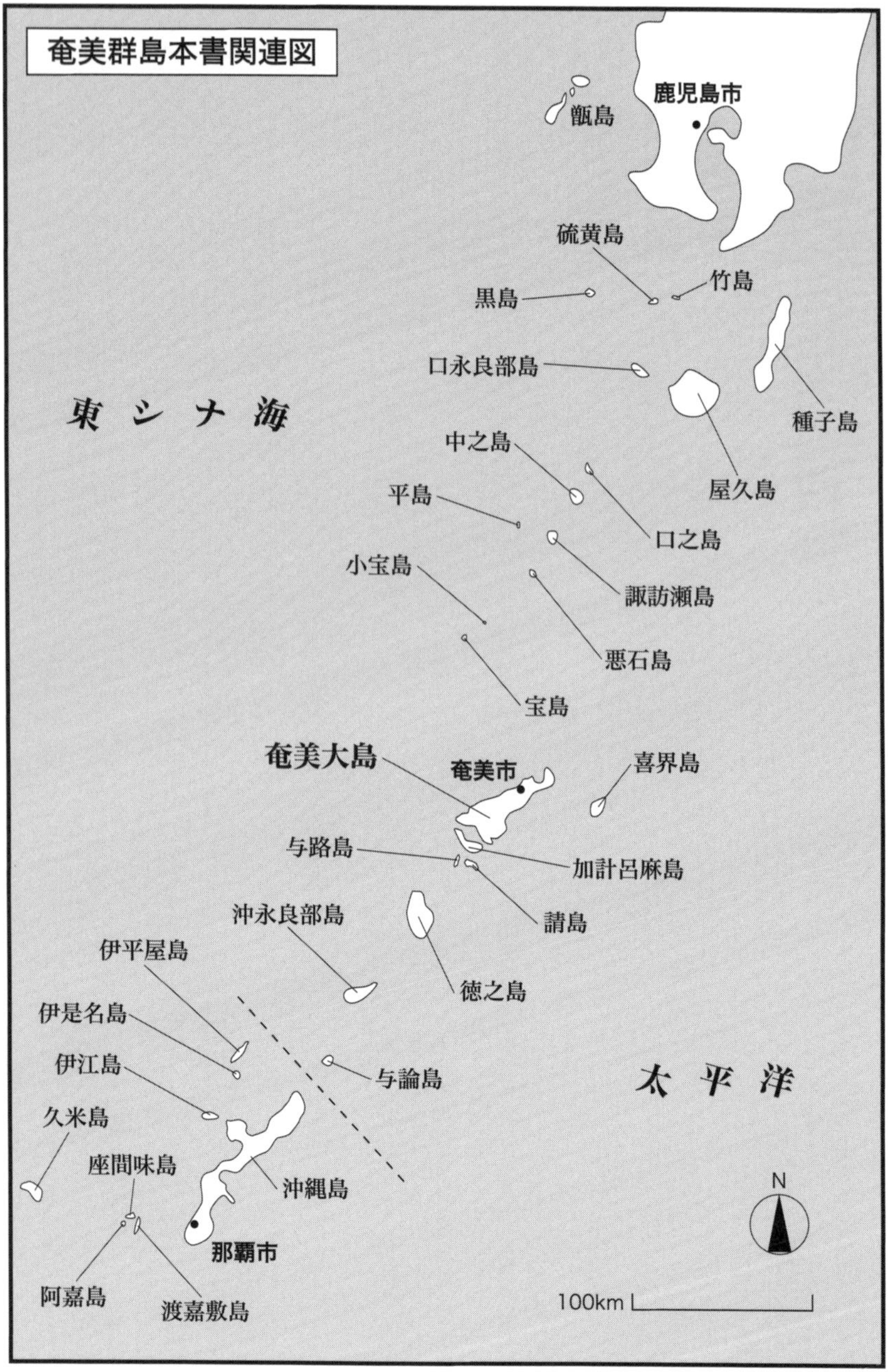
奄美群島本書関連図
鹿児島市
甑島
硫黄島
竹島
黒島
口永良部島
種子島
東シナ海
中之島
屋久島
平島
口之島
小宝島
諏訪瀬島
悪石島
宝島
奄美大島
奄美市
喜界島
与路島
加計呂麻島
請島
沖永良部島
伊平屋島
徳之島
伊是名島
伊江島
与論島
太平洋
久米島
座間味島
沖縄島
N
那覇市
阿嘉島
渡嘉敷島
100km

奄美の歴史

個人的なことであるが、私の教員生活は奄美大島でスタートした。わずか三年間ではあったが忘れられない濃厚な時間であった。エメラルドグリーンの海は実に美しい。後に沖縄の海も何度か訪れたが、私には奄美の海の方が美しく見えた。あまり人の手が入っていない分、そう見えたのかもしれない。島の人たちは人情豊かである。黒糖焼酎を酌み交わし、宴の終盤は「六調《ろくちょう》」という踊りで盛り上がった。

島外の人たちに対してもとても親切ではあったが、「島人《シマンチュ》」「大和人《ヤマトンチュ》」の言葉が示すように島民と島外の人々の区別はされていたように思う。そして、宴会などで「島差別」の話になることがよくあった。「島はずっと差別を受けてきた」という話になることもあれば「もう島差別はない」という話になることもあるが、どちらにしても「かつて奄美は差別を受けてきた」という前提で話されていた。三味線の音色とともに奄美の人々の唄う「島唄」にもその島差別に根ざしたものが多かった。

徳之島の島唄「徳之島節」の歌詞は次の通りである。

一　徒《あだ》の世《ゆ》ぬ中に
ながらえてぃ居れば
朝夕血の涙　袖《すでぃ》どぅしぶる
（筆者註―はかなく苦しいこの世の中に、生命長らえて居れば、朝夕血の涙でぬれた袖をしぼるだけだ）

二　かして気張《きば》たんち　誰《た》かたむぃどぅなりゅり
大和いちゅぎりゃぬ　たむぃどぅなりゅり
（筆者註―こんなに難儀苦労して働いたとて、一体誰のためになるのだ。大和〈薩摩〉の丁髷《いちゅぎりゃ》〈役人〉のためにしかならない。いちゅぎりゃ＝丁髷。絹着物を着た人。すなわち薩摩から来た役人のこと）

「奄美と西郷」に触れる前に簡単に奄美の歴史にふれてみたい。
奄美は奄美大島にのみその言葉が使用されているが、奄美群島全体をさして使用されることが多い。具体的には、奄美大島をはじめとして、喜界島《きかいじま》、徳之島《とくのしま》、沖永良部島《おきのえらぶじま》、与《よ》論島《ろんじま》、加計呂麻島《かけろまじま》、与路島《よろじま》、請島《うけじま》の島々をさしている。

奄美史の時代区分では、原始から八、九世紀ごろまでを「奄美世《あまんゆ》」と呼ぶ。階級社会以前の部落共同体である。続いて按司《あじ》という首長たちの支配する時代を「按司世《あじゆ》」という。階級社会に移行するころの時期である。その後、琉球王朝の支配を受けるが、この時代を「那覇世《なはんゆ》」という。一五世紀に合計四回琉球からの武力侵攻を受けたという。

そして、一六〇九年に薩摩藩の武力侵攻を受ける。よく薩摩藩の「琉球侵攻（侵略）」という言葉を耳にするが、すでに琉球の支配を受けていた奄美も薩摩藩の武力侵攻の犠牲となったのである。見方を変えれば、奄美は一五世紀以降、琉球に支配され、一七世紀以降は薩摩藩に支配（与論島以北）されていたということになる。だいぶ時間は経つが、戦後は沖縄や小笠原諸島とともにアメリカの軍政下に置かれることになる。

薩摩藩の奄美支配の画期となったのは元禄年間（一六九〇年代）にサトウキビの栽培とそれを原料とした黒糖の生産方法が普及したことであった。黒糖の高い商品価値に注目した薩摩藩は、年を追うにつれて黒糖の生産・流通を厳しい管理下に置くようになる。いわゆるモノカルチャー栽培（特定の農作物に依存した農業形態）である。欧米による植民地支配のやりかたと同じである。この黒糖収奪は米作を犠牲にしたため、たびたび飢饉を引き起こし、一七五五年には徳之島で島民三〇〇〇人が餓死したという。薩摩藩の財政を立て直したとされる調所広郷《ずしょひろさと》はこの黒糖収奪を厳しくした。製法が粗悪であったら首枷《かぶり》・足枷《しまき》の刑、キビを短く刈って収穫を減らしたという理由で村中引き回し、密売したものは死罪・遠島という極刑でのぞんだという。この厳しい黒糖収奪が戊辰戦争において大きな役割を果たす雄藩薩摩藩の蓄財に結びつく。

また、この黒糖収奪の過程では、藩と結びついた島民とそうでない島民との間に貧富の差も生み出した。零落した農民が債務奴隷になることもあった。この債務奴隷を「家人《ヤンチュ》」といい、その家人を使っていた豪農を「由緒人《ユカリッチュ》」と呼んでいた。西郷が奄美にいたのは、そのような黒糖収奪の厳しい、島民の貧富の差が激しい頃であった。

奄美群島に二度流された西郷

西郷は奄美に二度「流されて」いる。最初は存在を隠すための「潜伏」地として、二度目は主君の命による「流刑」地として。最初は、奄美大島の北部の龍郷《たつごう》である。西郷は、井伊直弼による安政の大獄の最中に勤王の僧月照《げっしょう》を助けて薩摩の地にかくまおうとした。

奄美大島・龍郷の海（鹿児島県大島郡龍郷町）

しかし、島津斉彬の死後、幕府との関係悪化を危惧する藩は、西郷に月照を「日向《ひゅうが》送り」にするように命令する。「日向送り」とは当時「藩境で斬り捨てる」という意味であった。西郷は、月照と運命をともにする決心を固め、鹿児島湾（錦江湾とも言う）の船上から二人で飛び降りた。月照は息絶えたが、西郷は助けられた。藩は、幕府への体面を考え、西郷も死んだことにして、「菊池源吾」と改名させて奄美大島に「潜伏」させた。

一八五九年、龍郷に着いた西郷は島に流されていた鹿児島城下士（鹿児島城の周辺に住居を構える藩士）美玉新行《みたましんぎょう》が持つ空き屋での「潜伏」生活を始めることとなる。「潜伏」生活そのものはそれほど厳しいものではなかった。「流刑」ではなく「潜伏」なので犯罪者扱いされているわけではないからである。六石の扶持米《ふちまい》が支給され食うには困らなかった。

島の生活を始めた頃の西郷はきわめて評判が悪かった。斉彬の死去、安政の大獄、月照との別れを経ての奄美の潜伏は西郷にとっては「やりきれない」思いにかられたことであろう。その鬱憤《うっぷん》は「奇声を上げる」「木刀をふりまわす」などの行動につながったようである。島の人々は、その奇行から「大和のフリムン（狂人）」と呼んでいたという。

その鬱憤の矛先は奄美の風土や人々にも向けられている。島に上陸した一カ月後の大久保利通宛の書状には、雨の多い奄美の気候について「晴天と申すなるはござなく雨勝ち」「誠にひどい」と嘆き、奄美の人々のことを「けとう（毛唐）人には込ま（困）り入り」と差別的な表現を使っている。女性たちに対しても「垢のけしょ（化粧）一寸ばかり、手の甲より先はぐみ（入れ墨）をつき」と書き送っている。垢の化粧とは失礼な言い方である。数カ月たった頃でも「此のけとう（毛唐）人の交わりがいかがにも難儀至極、気持ちも悪しく」と島民との交流に嫌悪感を持っていた様子がうかがわれる。

この一連の書状の表現が現在でも奄美の一部の人々に強い反感を持たれているのも事実である。おそらく、この頃の西郷は本当にそう思っていたのであろう。斉彬の命で、朝廷や幕府と関わっていた西郷は「三都」と呼ばれた大阪、京都、江戸の洗練された華やかな風景や人々を目にしていたはずである。その西郷から見たら、初めて見る辺境の地である奄美の風土や人々に対して、優越感や差別感情があるのは十分想像のつくところである。憤懣やるかたない感情に駆られている当時であれば、その「偏見」にも拍車がかかっていたのではないだろうか。

ただ、この優越感、差別感情は西郷に限ったものではなかったはずである。当時、本土からやってくる薩摩藩の役人のほとんどは多かれ少なかれ似たような感情を抱いていたはずである。そうであるからこそ西郷は、そうではない人々に出会うことによって少しずつ変わっていくのである。この「島差別」の問題は、この時代に限らず現在にも尾を引く問題である。問題の大きな根っこは近世以降の薩摩藩の「奄美支配」にあることは間違いない。この問題だけでも大著が書かれる必然性があると言えるが、ここでは問題の実在を指摘するだけにとどめておくこととする。

上陸後ふた月が過ぎるころには西郷の様子にも大きな変化が見られたようである。龍郷の有力者である龍家の世話になるようになったが、当主の後見人（筆者註―龍家の当主がまだ一二歳だったため）である龍佐民《りゅうさみん》（為行）が西郷を手厚く扱ったようである。住まい

龍家の跡地（鹿児島県大島郡龍郷町龍郷 71）

も龍家の離れに移された。おそらく、この龍家との関わりが西郷の心を少しずつ癒やしていったのではないだろうか。西郷は島役人のつてで子どもたちに学問を教えたり、自分の扶持米を貧しい者に分け与えたりしたようである。そして、かつて一〇年間勤めた郡方書役助《こおりかたかきやくたすけ》時代に見聞きした「疲弊した農民」の姿を思い出したのか、薩摩藩から送られていた代官相良角兵衛《さがらかくべえ》に島民の窮状を訴え、処遇の改善を求めたりもしていたようである。

島妻《あんご》

西郷の生活が落ち着いていく頃、「嫁取り」の話がでてくる。当時、流刑や勤務で本土から島にやってくる薩摩藩士には「島妻」を持つことが許されていたが、刑期や勤務を終えた藩士はその島妻を本土に連れて帰ることは許されなかった。ただし、島妻との間に生まれた子どもは本土に連れ帰ることができた。学問をすることもできたし、役人に取り立てられることもあった。また、島妻には俸禄が与えられたり、親戚縁者が役職に就いたりすることがあったために、本人が島妻になりたがったり、周囲が島妻を勧めたりすることもあったようだ。

西郷は龍佐民らの勧めもあり、龍の縁者の愛加那《あいかな》を妻として迎えた。一八五九年のことであった。この結婚はうまくいったとみえ、二年後には長男菊次郎を授かった。菊次郎は後に鹿児島本土の西郷家に引き取られ、アメリカに二年間留学する。西南戦争に従軍して負傷するが、叔父の従道《つぐみち》の配慮もあり投降し赦免となる。のちに留学経験から外務省に勤めるが、京都市長などを務めることにもなる。西郷と愛加那にはもうひとり女子菊子（菊《きく》草《そう》）が生まれたが、やはり鹿児島本土の西郷家に引き取られ、大山巌の弟誠之助の妻となるが、晩年は菊次郎のもとに身を寄せている。そして、島妻愛加那は生涯奄美を離れることはなかった。

西郷と愛加那の生活は三年ほどであった。西郷の潜伏中に時代は大きく動いていた。斉彬の死後、斉彬の遺言通り弟久光の子忠義が藩主となった。幼少の忠義ゆえ祖父の斉興が再び実権を握ったがほどなく死去し、実権は忠義の父久光に移った。安政の大獄を行った井伊直弼は一八五九年三月三日、桜田門外の変により暗殺される。水戸、薩摩両藩の藩士による企てであったが、井伊の首級をあげたのは薩摩藩士有村次左衛門《ありむらじざえもん》であった。その知らせは奄美の西郷にも届き、西郷は狂喜乱舞したと伝えられる。

薩摩藩内も一気に攘夷派が活気づき、大久保利通らは「誠《せい》(精)忠組《ちゅうぐみ》」を結成する。久光はその「誠(精)忠組」の意を汲むこととし、兵を率いて上京することにする。そして、藩内にわき上がった西郷待望論が西郷呼び戻しへとつながる。

沖永良部島への「流刑」

呼び戻された西郷は久光に謁見する。が、ここで久光を激怒させる有名な事件がおきる。いわゆる「ジゴロ」発言である。「ジゴロ」とは一般には「女性から金をまきあげて生活する男」「ひも」の意で用いられるが、鹿児島では「田舎もの」という意味で用いる。「世間知らず」や「情報に疎い」という意味で、年配の男性が自虐的にあるいは開き直りの感覚で「あたいはジゴロやっで」と言うのを聞くことがある。

その言葉を西郷は藩主忠義の父、薩摩藩の最高権力者久光に向かって言ったというのである。久光は無位無冠の身ながら兵を率いて上洛し、公武合体工作を進めるつもりでいた。それを西郷に告げたところ、西郷は「久光様はジゴロ（田舎者）ですから、事情に詳しくもない。よってそのような役割を果たすのは無理だ」という意味のことを言い放ったというのである。

封建社会の中、一介の藩士が藩の最高権力者に向かってそのようなことを言ったというのはにわかには信じがたい話であるが、久光の言として元薩摩藩士市来四郎《いちきしろう》が伝えたとされるエピソードである。西郷にとっては、敬愛する今は亡き前藩主斉彬が、世界の情勢に通じ雄藩の英明な藩主たちと交流する姿を間近に見ているので、鹿児島から出たことのない久光はいかにも「田舎者」に見えたことであろう。「お由羅《ゆら》騒動」（筆者註―嘉永朋党《かえいほうとう》事件ともいう。島津斉彬の藩主擁立を望む藩士たちが、斉彬の子が病死したのは斉彬の異母弟久光の母お由羅が呪詛したためと信じ、お由羅を謀殺しようしたとされる事件。斉彬派の多くが切腹、遠島などの刑に処せられた）を知る西郷にとってお由羅の息子久光は好ましからざる藩主であったのかもしれない。しかし、この発言が事実だとすると、これ以後長く続く久光との不仲を考えればあまりにも不用意な発言であったと言えよう。この時点で何らかの処罰があっても不思議ではなかった。

久光は西郷の言には耳を貸さず、率兵上京を実行する。西郷には、先に出発して下関で待機するように申しつける。しかし、京都で一部の尊攘派の薩摩藩士らが不穏の動きを見せていると知るや西郷は久光の命を無視して下関から上方に向かう。久光はそれを知り激怒する。西郷が尊攘派を煽っているという噂もあったようで久光の怒りは尋常なものではなかった。

生意気な言動のうえに勝手な行動を取ってしまった西郷は久光の命令により捕縛され薩摩に連れ戻される。久光の公武合体工作が順調に推移するなか、西郷は鹿児島城下に入ることも許されず、山川港沖の船に二カ月閉じ込められた後、徳之島への「流刑」が確定する。西郷の流刑を知った妻愛加那は息子菊次郎と生まれたばかりの娘菊子（菊草）を連れて徳之島に向かい、西郷との面会を果たす。しかし、徳之島からさらに沖永良部島に流される命令がとどき、西郷は一夜を過ごした後に家族を奄美大島に帰らせた。

沖永良部島への流刑は厳罰扱いであった。沖永良部島の港に上陸した西郷は「もう二度と土を踏むこともないであろう」と馬には乗らず、自分の足で四キロほどの道を歩いたという。罪人である西郷は牢に閉じ込められた。牢は海辺にあった。広さは四畳半、藁葺き屋根に格子の壁、隅の方に便所があったという。食事は冷や飯に塩、風呂は月に一度きり。劣悪な環境に西郷は日に日に痩せていったという。西郷はその運命を静かに受け止めるかのように姿勢を正して座り続けていたという。

その姿を見て牢役人土持政照《つちもちまさてる》は気の毒に思い、代官に願い出て牢屋の建て替えを願い出たという。そして、普通と変わらない家の中に座敷牢が設けられた。雨風をさえぎるのはもちろん、足許には畳も敷かれた。食事も野菜や魚が差し入れられ、西郷の健康は日に日に回復していったとされる。

このように土持政照は沖永良部島での西郷の生活を支えた「恩人」的存在である。実は、この政照は大久保利通の縁戚にあたる。政照の妻マツは利通の父大久保利世が島役人として沖永良部島に赴任した時に島妻との間に生まれた子どもである。利通とは母違いの妹であった。とすれば、徳之島から沖永良部島にさらに「遠島」になったというよりは、大久保利通の縁者に面倒を見させる目的で大久保が画策したのではとの推測も成り立つが確かめる術はない。

西郷は政照に対して自らの農政担当時代の経験から島における社倉制度（飢饉に備えて

米を蓄える）を提案したとされる。そして、もうひとり西郷にとって重要な人物が西郷を訪れている。川口雪逢《かわぐちせっぽう》である。もともと久光に仕える陽明学者であった。久光の書物を売って酒代に使ったということで沖永良部島に「流刑」になったという。雪逢は、学者であったが、書道も詩作も一流であったという。西郷は雪逢と意気投合するとともに、陽明学を学び、書に親しみ、漢詩を詠じる日々を送った。漢詩などの西郷の教養はこの頃に培われたものである。この雪逢、南洲墓地の西郷の墓碑銘を書いたとされ、西郷の死後、西郷家の面倒もみたといわれている。

西郷にとっての「流刑」の日々はもしかすると、人生の中で最も落ち着いた教養ある生活であったのかもしれない。「もう本土には帰れないかもしれない。この地で生を全うすることになりそうだ」という思いが、西郷の心境を悟りに近いものにしたのではないだろうか。

座敷牢では島の子どもたちに学問を教えることもあったという。「論語」や「孟子」を教えたというが、島役人にも役人の心構えを伝えたという。この地での思索が後に「西郷南洲遺訓」などの文章に反映されているものと思われる。

薩英戦争と西郷の赦免

さて、西郷の再召還の時が近づいてきていた。西郷が沖永良部島にいる間の薩摩藩はまさに激動であった。久光の上洛、上京の目論見は見事に成功した。安政の大獄により政権の中枢から遠ざけられていた徳川慶喜、松平春嶽の復権が実現し、藩論である「公武合体」が進んだものと見えた。久光が意気揚々と江戸を発った後に事件は起きた。生麦事件である。一八六二年八月二一日、現在の横浜市鶴見区にあたる生麦村にさしかかった島津久光の大名行列を、馬に乗ったイギリスの外交官一行が横切ろうとしたところを薩摩藩士が切りつけた。イギリス人一人が死亡、二人が重傷を負った。

イギリスは幕府に賠償金一〇万ポンドを、薩摩藩に犯人逮捕・処刑と賠償金二万五〇〇〇ポンドを要求した。幕府は賠償金の支払いに応じたが、薩摩藩はこれを拒否した。それを受けてイギリスは、薩摩藩との直接交渉を求めて七隻の軍艦を鹿児島に向かわせた。薩摩藩は鹿児島湾一帯に築いた砲台からイギリス艦隊を砲撃した。いわゆる薩英戦争である。

日本の一地域にすぎない薩摩藩と大英帝国の戦争である。これまではこの薩英戦争は、イギリスの機械化された最新鋭の戦力に薩摩藩の戦力が圧倒されたようにいわれてきたが、斉彬の時代から軍備・防備を固めていた薩摩藩はかなり善戦したといわれている。城下を焼かれ一八人の死傷者を出した薩摩藩に対し、イギリス側も七隻中旗艦ユーリアラス号をはじめ三隻が被害を受け旗艦の船長をはじめ六三人の死傷者を出した。「痛み分け」という表現もあながち間違いではない。

この後、薩摩藩とイギリスは和解交渉に入った。フランスが幕府に接近したことを知ったイギリスも早期の和解を望んだ。薩摩藩側で交渉に臨んだのは大久保利通、重野安繹《しげのやすつぐ》らであった。結局、薩摩藩は賠償金の支払いと犯人の捜査・処刑を約束した。戦争前からあったイギリスの要求を呑んだ形になってはいるが、実際は賠償金は幕府が立て替えている。返済しないまま明治維新を迎えているので薩摩藩の懐に影響はなかった。生麦事件の実行犯についても「行方不明」と報告され、イギリスも不問とした。薩摩藩もイギリスも戦争後はともにたがいに「接近」を望んでいたということであろう。「痛み分け」は双方の利益につながった形である。

穏やかな生活を送っていた西郷も「薩摩藩と大英帝国の戦争」の情報に接して強い衝撃

を受けたようである。おそらく、その後戊辰戦争を経て西南戦争まで死ぬまで一貫して変わることのなかった「戦闘好き」な西郷が甦ったようである。藩の一大事に何もできない自分の境遇に悔しい思いをしたのであろう。

事態が急変する薩摩藩内には再び「西郷待望論」がわき起こった。しかし、「流刑」を命じた島津久光はすぐに赦免する気にはなれなかった。何度かあった赦免の要求を久光は拒絶し続けた。いかに西郷が久光の怒りを買っていたかがわかろうというものである。ただし、薩英戦争後、大久保ら誠忠組らの力が強くなってくると、「西郷待望論」を無視できなくなる。久光は、西郷が「心から反省している」ことを条件に赦免とすることを決心する。

その確認に赴いた吉井友実《よしいともざね》は西郷と面会し、久光に「心から反省している」と報告する。藩主忠義はその報告を聞き、久光より先に赦免を決定し、久光もそれを追認した。

西郷は、一八六四年、迎えにきた実弟である従道や吉井友実らの船に乗り一年半の流刑生活を終える。途中、奄美大島の龍郷に立ち寄り、妻愛加那と子菊次郎、菊草と二晩を過ごす。これが島妻愛加那と過ごした最後の時間となる。

その後、喜界島に寄り、西郷と同じく「攘夷派を煽った」と久光に疑われて流刑となっていた村田新八を船に乗せて帰ることになる。勝海舟をして「傑物」と言わしめ、文学・芸術方面でも多才であった村田新八が終生西郷と運命を共にしたのはこの恩が大きいものと思われる。

奄美の人々の窮状を訴えた上申書

鹿児島に帰った西郷は、まず斉彬の墓所があった福昌寺に詣でたという。沖永良部島での一年半は「心の安定」をもたらしたものの、座敷牢での生活ですっかり体が弱っていた。特に足腰が弱っていたようで、参詣の際には自分の足では歩けず駕籠を用いたという。

このような状態の中、西郷は藩に上申書を出している。その内容は「奄美大島などでの砂糖専売制の苛酷さを告発し、島民の仁政を求めるもの」であったという。具体的には――

①藩による砂糖の買い上げ方が法外な利益を求めるものである。

②そのため島人が真に可哀想な生活を送ることを余儀なくされている。

③至急なんらかの対策を確立すること。

（家近良樹『西郷隆盛』ミネルヴァ書房、二〇一七年。以下、家近『西郷隆盛』）

奄美大島、沖永良部島と二度にわたる奄美の生活の中で見聞きし体験した中での「奄美の人々」への共感とその苛酷な圧政への告発の書でもある。奄美で西郷を慕う人々はそういう西郷の思いに心を打たれたことであろう。

しかし、奄美で西郷を良く思わない人々はこの上申書の文章とその後の西郷の奄美への対応に大きな疑念を持つのである。上申書で述べた内容は後に西郷自身に向けられることになるからである。

奄美の人々にとってそれは「裏切り」行為にほかならなかった。

重野《しげの》安繹《やすつぐ》との出会い

ここで、奄美において西郷と関わったひとりの人物について触れておきたい。薩英戦争後に英国との交渉に当たった重野安繹である。西郷と同じく一八二七年に鹿児島城下に生まれている。父はもと商人で藍の製造による功績で郷士となった。安繹は幼い頃から多才であり、特に鼓《つづみ》の演奏（能の囃方《はやしかた》）と文筆に秀で、藩主斉興《なりおき》とその子三郎（のちの久光）の能の相手として認められたのが登用の始まりという。一三歳で藩校造士館《ぞうしかん》に入学するが、そこで能の道ではなく学者としての道を選んだ。

二二歳の時に江戸に出て、全国の秀才が集う昌平坂学問所(昌平黌《しょうへいこう》)に入学し、六年間そこで幕府の直臣や各藩の藩士たちと共に学ぶ。昌平黌は、幕府の正統的学問朱子学を学ぶ教育機関という印象が強いが、安繹の時代はその様相はかなり違っていた。なぜなら、重野がいた後半二年間はペリーが来航し日米和親条約を結んだ時期と重なるからである。全国の俊秀たちには「この未曾有の時期にどのように対応するか」が要求されていたのである。重野はそこで西洋の知識や国際情勢に触れたものと思われる。なお、この昌平黌で培った人脈が後に大きな威力を発揮することになる。

重野が歴史に名を残す最大の理由は、明治に入ってからの「修史事業」である。重野は明治政府による国史編纂事業の中心的役割を果たした。漢学と洋学の双方に通じた重野は、編纂事業の中で「事実の羅列による歴史書の無味乾燥さ」と、「荒唐無稽な興味本位の歴史書」を批判する姿勢を崩さなかった。特に後者、誤った事実による物語としての歴史を厳しく批判し、歴史において事実であるかを吟味する「考証」の意義を重視する「実証史学」の大切さを説いた。一八八九年史学会初代会長就任の際の講演では「史学に従事する者は其の心至公至平《しこうしへい》ならざるべからず」と述べたという。歴史家には「公平」であることを求め、「偏見」や「私意」を捨てることを求めた。また、そのためには歴史研究と道徳を分離することが必要であると説く。この姿勢は重野の「抹殺博士」という異名につながる。「誤った」史実、「あいまいな」史実は「考証のうえにしりぞける」という研究姿勢から付けられたものである。

この重野の考え方は本書執筆のモチーフにもつながるが、ここではあくまで西郷との関わり・対比について重野を取り上げてみたい。

重野安繹流刑地の碑（鹿児島県大島郡瀬戸内町阿木名）

西郷が奄美の龍郷に流されていた時に、重野も奄美にいた。流刑である。昌平黌の留学生をめぐる金銭トラブルで文書偽造の罪に問われ、一八五七年奄美大島に遠島となった。学生の妬みを買っていたとか政敵の攻撃対象になったという説とともに単純に賭事で金を使い込んだという説もあるが、真偽のほどは定かではない。重野は奄美大島の南部の阿木《あぎ》名《な》（現・瀬戸内町）に流されており、西郷の龍郷とはずいぶん離れているが、共にいた三年間の間に交流があったことは西郷の大久保宛書簡からわかっている。
その重野の西郷評が文章として残されている（薩藩史研究会編『重野博士史学論文集』下巻、雄山閣、一九三九年）。

（西郷は）相手をひどく憎む風がある。西郷という人は一体大度量のある人物ではない。人は豪傑肌であるけれども度量が大きいとはいえず、いわば偏狭である。それで西南の役などが起こるのである。世間の人は大変度量の広い人のように思っているが、それは皮相《ひそう》の見解で、敵をもつ性質でとうとうこれが為に自分も倒れるに至った。

なかなか手厳しい評価である。戦前も戦後も「度量の大きい人物」「器の大きい人物」として修身や道徳の教材となった西郷隆盛を「偏狭」であると断じている。加えて、

西郷の人となりは度量は狭いが、人と艱苦《かんく》を共にするという所が持ち前で、古人のいう士卒の下なる者と飲食を共にする風であった。（中略）西郷が人に惚れられるのはそこにあるのだが、いったん自分の敵と見た者はどこまでも憎む。

重野は、西郷と同じく島妻を持った。名をウミといい、ヤスという娘も生まれている。当時の常識は、島妻は「島を離れない」ことであった。役職や流刑で島妻を持った者は島を離れたら、本土で別の家庭を持つこととなり、島で生まれた子どもを呼び寄せることはあっても島妻を呼び寄せることはなかった。西郷も同様で、前述したように島で生まれた二人の子どもは引き取ったが、妻の愛加那とは二度目の召還の際に奄美で再会したのを最後に会うことはなかった。

重野は、罪を許された後、薩英戦争後の英国との交渉に関わるなどその学識を買われて活躍の場を得ることとなった。薩摩藩の英国への賠償金を幕府に払わせるなどの辣腕もふるったようである。

重野はその後、再び奄美大島を訪れた。島妻ウミを迎えに行ったのである。鹿児島で一緒に生活をしようと考えたのである。しかし、ウミは島ですでに再婚していた。おそらく、重野が迎えに来るとは思っていなかったのであろう。失意の重野は娘のヤスだけ連れて島を後にしている。このことから重野を当時の常識にとらわれない「近代性」の持ち主であるとか女性に対する「細やかな愛情」の持ち主であるとの見方がある。「武士の大義」という大きな物語に生きる西郷と「近代合理主義」の実証性に生きる重野との違いというのは言い過ぎであろうか。

奄美で起きた一揆

鹿児島に戻った西郷は、まさに「英雄」としての活躍ぶりであった。薩長同盟、王政復古の大号令に加えて鳥羽・伏見の戦い、江戸城明け渡し、奥羽越列藩同盟との戦いと続いた戊辰戦争。明治維新における廃藩置県、徴兵令、地租改正、学制の改革など、西郷が直接・間接に関わった出来事、改革は数知れない。

薩摩藩による長い支配を受けていた奄美にも「明治維新」の動きは伝わっていた。幕末の一八六二年、奄美群島第二の島徳之島において一揆が起こった。いわゆる「犬田布《いぬたぶ》騒動」である。江戸時代の薩摩藩では百姓一揆はほとんど起きていない。本土では未遂に終わった加世田《かせだ》一揆くらいのものであるが、奄美ではこの「犬田布騒動」のほかに「母間《ぼま》騒動」(一八一六年)も起きている。「騒動」という表現が使われているが実質は一揆である。

薩摩藩で一揆が少ない理由は諸説ある。戦国時代に大量に召し抱えられた武士たちは藩の人口の二六%を占めるといわれている。この人数の多さが戊辰戦争の力となり、西南戦争のきっかけともなった。江戸時代にはこの大人数を分散定住させた。島津氏の居城を内《うち》城《じょう》としたのに対し、地方の拠点を外城《とじょう》と言った。現在でも鹿児島県内各地に「麓《ふもと》」という集落があるが、そこが武家屋敷群の跡であり、石垣に囲まれた敷地の広い住宅が集まっているのがわかる。

その支配のしくみを「外城制」と呼んでいるが、この藩内くまなく巡らされた軍事支配体制が藩内の農山漁村を監視する役目を負っていた。したがって、一揆の動きは起きにくかったし、その動きは未然に抑えられたことであろう。

なお、薩摩藩は武士の教育には熱心であったが、庶民には全くと言っていいほど教育を施さなかったといわれている。庶民が知恵をつけることを恐れていたのであろうか。そのような理由から、一揆が起こることはほとんどなかった。

それとは異なる説もある。確かに薩摩藩は「八公二民」といわれるほど年貢率は高かったが、さつまいもをはじめ商品作物の種類は多く、飢饉のような事態は少なかったので「窮《きゅう》鼠《そ》猫《ねこ》を噛《か》む」というような一揆にはつながらなかったという説である。

しかし、奄美では大きな一揆が起きた。理由は簡単である。黒糖収奪があまりに苛酷だったからである。その一揆が二つとも幕末に起きていることに注目すべきである。薩摩藩が幕末に大きな動きを見せることができた理由のひとつである豊富な軍資金は、琉球（密）貿易（筆者註―琉球との貿易を通して中国の品物を取引したり、長崎に向かう中国船と取引したりしていた）、偽金作り（筆者註―薩摩藩は財政補助対策として幕府から許可された琉球通宝とは別に禁止されていた天保通宝と二分金の鋳造を行っていた）とともに、この奄美からの黒糖収奪からの利益がもたらしたものである。

前述した通り、元禄年間に奄美群島にサトウキビ栽培が伝わった。薩摩藩はサトウキビより加工される黒糖の高い収益率に目をつけ、一七四五年には租税を米から黒糖に切り替えた。これを機にいっきに黒糖収奪体制が強化された。米作はその犠牲とされたために、一七五五年には凶作となり、徳之島の島民三〇〇〇人が餓死したといわれる。一七七七年には黒糖の「惣買い入れ制度」が実施された。すでにサトウキビの生産は限界に達していたが、藩の財政改革を任された調所広郷はさらに増産を図り、耕作地を島民に強制的に割り当て、役所の監視体制も強化した。名君といわれた島津斉彬の時代もその体制は継続された。華々しい集成館事業（筆者註―斉彬によって始められた洋式産業。製鉄・造船から紡績・食品まで幅広い事業を展開した）や幕末の薩摩藩の軍事力増強の裏には「黒糖収奪」が存在したのである。

奄美の二つの一揆「犬田布騒動」「母間騒動」は大規模なものであった。「犬田布騒動」の際、過酷な支配を行っていた薩摩藩の役人は帰藩を命じられ、その後の役人の島民への態度は劇的に改善されたという。なお、首謀者三人は奄美の他島への遠島処分となったが、これは一揆の処分としてはとても軽いものであったという。これは、薩摩藩の役人のやり方があまりに苛酷であったためと、この「反薩摩」の動きが奄美全土に広がることを恐れたためであろうといわれている。

そのようなうねりの中、奄美の人々が「世直し」としての明治維新に大きな期待を持ったであろうことは十分想像できることである。

奄美と明治維新

明治維新後、新しく鹿児島藩からやってきた役人は次のような告知書を張り出した。

今般、王政復古、御維新が成り太政官によって法改正が行われた。旧弊を一掃し公平を旨とする内容である。代官所は在番所（筆者註―一八六九〈明治二〉年に設置された。江戸時代の代官所に替わる役所でのちに支庁となる）に改められ、人民は上下の区別なく一般平民とみなされる。（中略）五百年の歴史で初めて一統の世に帰った。各々安堵すべし　（原口一郎『苦い砂糖』高城書房、二〇〇五年。以下、原口『苦い砂糖』）

この張り紙に書かれている内容に多くの島民は大いに期待したはずである。最初は表面的なことに終始した変化も、廃藩置県後、奄美の人々にとって重要な変革が次々に発表されることになる。いわゆる「四民平等」「解放令」により封建身分の差別制度の撤廃が発表された。水呑百姓、家抱えの年季奉公の人々を解放し、人身売買を禁止した。そのため奄美における債務奴隷「家人《ヤンチュ》」の解放が期待された。続いて、領主の領有権を否認し、田畑の勝手作り、作付けの自由を認めた。また、地租の導入を想定して土地の永代売買禁止を解除し、全島に学校建設も始めた。

しかし、中央政府も地方政府も大きな改革を実施するための資金確保が大きな課題となっていた。鹿児島藩に至っては、維新の大功は成ったものの、藩内は大量の失業士族を抱え、いかに税収を確保するかに頭を悩ませていた。これまで、奄美からの黒糖収奪による資金確保が財政の安定につながっていたために中央政府の改革の動きを警戒していた。

その時の鹿児島県政府の中枢を担っていたのは奄美での役人経験もあった桂久武であった。藩の家老を経て鹿児島県の権大参事《ごんだいさんじ》（現在の副知事に相当）であった桂は、西郷の盟友でもあった。

一八七一年、その西郷から桂に次のような手紙が届く。


砂糖の官による専売が廃止され自由交易となるため、商社を設立して一手に砂糖を売買し、その利益で窮乏士族の救助を図りたい。そんな趣旨の手紙を伊集院直右ヱ門《いじゅういんなおうえもん》から貴殿に差し上げていると思いますが、私も大賛成です。しかるに有川善左ヱ門《ありかわぜんざえもん》が奄美の砂糖の販売について全国的な組織づくりを計画をしているようで、これは非常な失策と言わざるを得ません。そんなことをしますと大蔵省が必ず（権利を）取り上げるでしょう。よくよくそのへんは用心すべきと考えます。（原口『苦い砂糖』）

つまり、「藩の士族を救うためには黒糖の専売制を維持すべきで、専門商社を作らせてそこに黒糖の売買は一括して任せれば良い」「大蔵省に察知されないように慎重に動くように」との指示まで与えている。

かつて、奄美の島民への圧政や黒糖の収奪を告発した西郷はどこへ行ったのだろうか。当時、西郷は政府の中心であり、その力を持ってすれば、奄美の人々の窮状を救う可能性は十分にあったはずである。維新政府の中心にいながら、頭の中は「旧薩摩藩士の救済」でいっぱいだったのであろうか。ある歴史家はこの判断を「背に腹は代えられなかった」と言ったという。しかし、地元奄美の郷土誌には次のように書かれている。

一生士族頭領としての限界を抜けきることができなかった。

（名瀬市誌編纂委員会編『名瀬市誌』一九七一年）

そのような西郷たちの動きをよそに、一八七三年、政府は奄美に関する重要な決定を下す。

（奄美の）砂糖買い受けたき望みの者は勝手（自由）次第渡島交易致すべき旨、心得のため人民へ触れ示すべきこと奄美の黒糖は「全国で自由に売買してよい」という全国向けの通達であった。この通達は全国に伝えられた。奄美の人々がその内容を知ったらどんなに喜んだことであろうか。しかし、鹿児島県当局はその通達を奄美の人々には知らせなかった。いや、秘匿したというべきであろう。そして、島民の願いを裏切る策を弄したのである。あの西郷が桂に送った手紙の通りの策を……。

変わらなかった黒糖収奪と丸田南里の登場

政府が奄美の黒糖の自由売買を許可する通達を出す一年前に、鹿児島県当局は奄美の島役人では最高位にあった太三和良《ふとりみわよし》、基俊良《もといしゅんりょう》の二人を鹿児島県庁に呼びつけた。二人には大島在番所《おおしまざいばんしょ》の検事岩元六右衛門《いわもとろくうえもん》らが付き添った。県はまず二人に「今後の黒糖取扱については租税は物納ではなく金納で」「残りは自由売買を許す」と通告した。この瞬間、二人は「ついにその時が来た」と喜んだに違いない。

しかし、その後に別の話を付け加えた。

「県の保護会社として大島商社を設立する」

奄美の島民はこの大島商社にだけ黒糖を売却することができ、この大島商社を通じてのみ物資を購入することができるというものであった。島民が黒糖を納めるのはすべて大島商社、島民が物資を購入できるのもすべて大島商社。その大島商社は鹿児島県当局が直接管理するというもの。奄美の島民は、薩摩藩に引き続き鹿児島県直営の大島商社による専売体制のもとに置かれるということであった。この五年契約の契約書に島役人の二人は泣く泣く署名をした。県は、この二人の島役人がその立場上拒否できないことを十分承知したうえで島民代表として呼びつけたのであった。

西郷が桂に送った策はそのまま鹿児島県当局により「大島商社」設立という形となって奄美の島民に押しつけられたのである。

大島商社は、鹿児島県庁の企画のもと、鹿児島の商人たちが運営した。島民たちは売った黒糖の代金と引き換えに生活必需品を受け取りに売店に向かうが、店の外で地べたに平伏して品物を受け取っていたという。江戸時代の薩摩藩時代の光景と何ら変わるものではなかった。「自由売買とはいったいどういう意味なのか」島民たちはそう思ったに違いない。

サトウキビを強制的に栽培させ、そのサトウキビから当時貴重であった黒糖を精製した後、大阪や京都で高値で売りさばく。その利益が武器や弾薬などの購入資金や士族の俸禄となる。島民の食糧や生活必需品は鹿児島の商人たちがその売買を独占する。鹿児島の士族・商人のために奄美の島民たちが搾取される構造は江戸時代と全く変わっていないのである。

ただ、これまでとは違い、島民たちも搾取のからくりを知ってただ黙っていたわけではなかった。その怒りはいくつもの嘆願書となって役所に差し出されていたが、改善されることはなかった。

そんななか、ひとりの青年がヨーロッパから帰ってくる。当時二五歳であった丸田南里《まるたなんり》である。重野安繹に学んだ丸田を鎖国下にヨーロッパへ送り込んだのはイギリスのトーマス・グラバーだといわれている。幕末に長崎を拠点にして「武器商人」として活躍したあのグラバーである。グラバーは、戊辰戦争で使われることになる長崎経由の小銃を一万二〇〇〇挺売りさばいたといわれているが、これは全体の三分の一にも相当する。そのほとんどは、アメリカの南北戦争後に用済みとなったものを中国を経由して日本に持ち込んだものであった。

薩英戦争後に一気に薩摩藩に接近したグラバーは薩摩藩士五代友厚《ごだいともあつ》より「奄美を中継地

にした貿易の促進」と「海外への留学生派遣」への協力を要請された。五代友厚や森有礼《もりありのり》ら幕末に英国に渡った薩摩藩英国留学生はグラバーの支援によるものである。奄美にイギリス人技術者をともなってグラバーがやってきたという記録がある。奄美に白糖工場を建設しようとしたらしいが、事業そのものはうまく進展しなかったらしい。ただ、その技術者たちが住んでいたという屋敷跡は今でも「蘭館《らんかん》」という地名で残されている。そのグラバーが奄美に来ている間に丸田少年は見いだされ、海外に旅立ったということになっている。

丸田は奄美の英雄であるため関連する書籍は多いが、事実を証明できるものはそれほど多くない。海外での経歴も同様で、中国でアヘンに苦しむ民を見てから英国に渡ったという説もあれば、英国に五年間留学し、英語・ドイツ語に精通した後、二二歳で帰国し、外務省で通訳を務めた後、二五歳の時に島に帰ったという説もある。

間違いないのは、苦労しながらも海外で学び続け、欧米の知見を身につけた丸田が一〇年ぶりに帰ってきた島で目にしたものは、一〇年前と全く変わらぬ封建的な社会と差別的な黒糖収奪の実態であった。

一八七五年、大島商社による黒糖専売に対する島民たちの怒りの声は奄美の島々に満ち満ちていたという。その状況を、島民たちは「全島沸騰」という言葉で表現していた。丸田もその流れと勢いの中にその身を投じていった。集会における第一声が記録されている。

人民が作る所の物産はその好む所に売り、また人民が要する品物はその欲する所に購入すべきはこれ自然の条理なり。なんぞ鹿児島商人一手の下に束縛を受くるの理あらんや。速やかにこれを解除し、勝手商売を行うべし（原口『苦い砂糖』）

洋行帰りの若者の理路整然とした演説に、島民たちは新しい時代の息吹と未来への希望を感じたことであろう。その丸田のもとに多くの島民が集まり始め、その集団は「人民派」と呼ばれるようになる。

その「全島沸騰」の雰囲気の中、丸田青年を中心とする「人民派」の理論と実践に率いられた島民たちはついに立ち上がる。まず丸田自身を含めた三人が嘆願のため鹿児島を目指すことになった。

しかし、そこに立ちはだかったのは、私学校派で固められた独立国「西郷王国」であった。鹿児島本土は西南戦争前夜の異様な熱気に包まれており、丸田らを迎えたのは凄惨な暴力であった。

暴力と裏切り

丸田南里には島の長老である水間良実《みずまよしざね》と書役《かきやく》（記録係）として水間と同郷の南喜祖賀《みなみきそか》が同行した。嘆願書の要求は二つであった。「大島商社の解体」と「自由交易」であった。嘆願書を提出後、三人は役人から「正規な手続きもなく直訴するとは不届き至極」と棒打ちの刑を命じられた。首謀者と目された丸田への暴力は特に凄惨なものであり、全身を打ち据えられた丸田は自力で立ち上がることができず、水間と南に抱えられてようやく宿屋にたどりついたという。

翌日も出頭を命じられた三人であったが、この日は棒打ちの刑は行われず、嘆願書の説明を求められたという。丸田は求められるがままに、「大島商社の独占売買は薩摩藩時代と何ら変わらず島民の窮状を招いている。速やかに大島商社を解体し、自由交易を行い、広く世界を相手に貿易を行うことの方が国家の利益であること」を論理的に明快に述べたという。

このようにして丸田らの嘆願書は県側に受理され、県の実情調査が行われることになった。三人は嘆願という目的を果たして島に帰ったが、丸田は凄惨な暴力を受けたことが影響し、体調が優れず寝込みがちな日々を送ったという。

県側はその後、警察官二人を送り込み、島内の陳情を受け付けている。嘆願書を山のように受け取ったといわれているが、各地で熱狂して迎えられたせいもあり、「島民の勝手売買の要求は必ず許可になる。許可無き場合は、島内から何人でもよいから直々に願い出たら良い」と島民に期待を持たせる言葉を残して帰ったという（原口『苦い砂糖』）。

しかし、事態はそううまくは運ばなかった。県当局は窮乏士族を支える貴重な財源を手放すつもりはなく、あわてて警察官発言の取り消しに動き出した。「勝手交易は不許可」という大山綱良《おおやまつなよし》県令の布告書が出されたのである。県の最高実力者の裁定であった。

大きな期待を持っていただけに人民派を中心とする島民たちは県側の「裏切り」に対し怒りにふるえた。そして、再び「沸騰」した島民のエネルギーは五五人という大請願団の結成へとつながった。

この五五人は、広く奄美大島各地から集められたようである。著名な漢学者や医師、書家も含まれており、慎重な人選が行われたことがわかる。前回丸田に同行して棒打ちの刑にあった水間良実も再度加わったが、丸田は依然体調が戻らず、周囲の説得もあり代表には漏れた。なお、今回の請願団には西郷ゆかりの面々も加わった。龍《りゅう》佐《さ》央《お》整《せい》は西郷が龍郷にいた際に面倒をみた龍家の末弟であり、積清《せきせい》登喜《とき》は西郷の釣りの友であり、喜入《きいれ》栄喜《えき》納《の》は西郷の相撲の好敵手であった。おそらく、島民の間に「西郷に何とかしてほしい」という声が強かったのであろう。時代の英雄西郷が「かつての友を見捨てるはずがない」そう思ったはずである。

二陣に分かれた五五人の船は一八七七年二月、鹿児島の港に向かった。そして、船の向かった鹿児島では、史上最大の内乱がまさに始まろうとしているところであった。

投獄、従軍、遭難

第一陣四一人を乗せた太平丸は一八七七年二月七日午後、奄美大島の名瀬港を出港後三〇時間の航海を経て、翌八日夜に鹿児島港に到着した。彼らを待っていたのは銃剣を持った私学校兵たちであった。特に、請願団の船であるからというわけではなく、すでに西南戦争前夜の状況にあった当時、その私学校兵らの役目は政府軍の襲撃、密偵に備えた船の臨検であった。島民たちには九日夜に上陸許可が出たが、上陸後はそのまま問屋に預けられた。

そして、翌一〇日、奇しくも西南戦争における西郷軍の先発隊が出発した日に、県庁職員らが捕吏を連れて問屋に現れ、「首魁」として一三人を連行し、谷山監獄（現在の鹿児島市南部。旧谷山村）に投獄した。残りの二八人は帰島を命じられ、山川港（筆者註―鹿児島湾の入り口に当たる貿易港。琉球からの使節が上陸した港でもある）で出帆の風待ちとなった。このうち四人がこっそり船を抜け出し、獄中の仲間の安否を探る活動を行っていたが、運悪く役人に見つかってしまい、全員が投獄された。彼ら請願団の動きは、鹿児島に滞在していた島役人が監視し続けていた。請願団の船より先に鹿児島に上陸し、すでに先手を打っていたのである。

半月後に第二陣が到着したが、到着した翌日には島役人の案内でやってきた県の役人たちに問答無用で捕縛され、監獄に放り込まれた。結局、請願団は全員獄中の身となった。奄美でも島役人、大島商社の社員たちが動き出した。請願団の「指導者」である丸田南里を投獄したのである。

請願団が収監された谷山監獄は衛生状態が悪く、ほとんどの者が疥癬を患っていた。あまりの痒さにかきむしり血だらけになる者も多かった。

請願団の獄中生活が続く中、西南戦争は熊本城の攻防が繰り広げられた。そして、そんな最中、請願団は監獄から引き出され県庁に連行された。三日間ただひたすら怒鳴られ続けたという。一人の日記にはこう書かれていたという。「始終の事件明らかにてこれ無く、始めより暴にお叱りにあい候」(原口『苦い砂糖』)。何のために叱られているのかがさっぱりわからなかったということである。嘆願そのものが「けしからん」というのであろうが、島民たちには政府の自由売買の通達の内容はすでに知らされており、どう考えても理屈にあわない仕打ちであった。結果、「首謀者」一五人は獄に戻され、四〇人には帰島命令が下された。

しかし、帰島するはずの船に突然停船命令が下った。西郷軍が大挙して出発した鹿児島にはすでに政府軍が到着していた。鹿児島湾には政府軍が常駐しており、請願団を乗せた船も政府軍に徴用されることになり、請願団は船を下ろされ、再び谷山監獄に舞い戻った。そこに、西郷軍の将校がやってきた。「西郷軍に従軍せよ」。一度も武器など手にしたことのない島民に「ともに戦え」というのであるから一同みな驚いた。しかし、相談の結果、「このまま帰島しても何の成果もない。だったら、従軍したことが評価され、それが嘆願に良い結果をもたらせばそれもひとつの方法である」と受け容れることになった。結果、体力のある若者三五人が選抜されたのである。黒糖の自由売買を求めて嘆願にやってきた島民たちが、すでに敗色が濃厚で食糧調達も徴兵もままならない西郷軍に従軍させられる運命となったのである。

従軍したのは選抜された若者だけではなかった。すでに五〇歳を超えていた団長格の水間良実、東郷東初喜《とうごうとうしょき》らもその責任感からか若者たちと運命をともにした。残りの者たちは高齢などを理由に従軍を断り、島に帰ることになる。

すでに西南戦争は終盤を迎えようとしていた。補給路を断たれ、弾薬が底をつく西郷軍は絶望的な戦いを強いられていた。四月七日、島の請願団の六人が激しい攻防の中、砲弾を浴びて命を落とした。戦場では西郷軍の敗走も始まっていた。長老格の水間も隊長の供をしながら鹿児島に向かった。途中、隊長にこれまでの経緯を話すと通行手形と添え状、証明書を用意してくれた。水間はそのまま、官軍で軍医を務める長男を川内《せんだい》（現在の薩摩川内市）に訪ね、ひと月後には奄美大島にようやく帰ることができた。

残りの二八人はばらばらになりながらもようやく鹿児島にたどり着いた。彼らはこれまでの経緯からか官軍に許されることになり、すぐに奄美行きの青竜丸に飛び乗った。

しかし、不幸は続いた。船はトカラ列島沖で激しい暴風雨にさらされ、船はあえなく大破する。奇跡的に四人は助けられたが、残りの二四人は残りの乗客ともども犠牲となった。島民のために黒糖売買の自由を求める請願のために向かった者たちが向かった先は、西南戦争真っ只中の鹿児島であり、五五人中三五人が従軍させられた。そして、六人が戦死した。そして、命からがら逃げ帰ることができた二九人のうち二四名は、島を目の前にして船が遭難し、命を落としたのである。

政府の自由売買許可の布告を無視し、大島商社を設立して旧士族の財源を確保しようとした西郷たちは、自ら起こした西南戦争に島民を巻き込み、結果的に多くの命を奪うことになったのである。この重大な事実を、島民以外のどれだけの者が知っているのであろうか。

その後、生き残った水間たちによってこの事実は報告会などで徐々に島民に知られていくことになる。多くの島民の涙を誘ったであろう。そして、本土を中心に西郷隆盛の英雄神話や偉人伝が伝わるたびに無念の思いと複雑な心境となったことは十分に予想されることである。

黒糖自由売買の闘いはなおも続いた。西南戦争後における新政府下の鹿児島県政も専売制を継続した。大久保利通らの影響下に置かれた鹿児島県政であったが、新しい県政もまた鹿児島商人の懐柔のために大島商社の黒糖専売による利益を温存させたのである。

しかし、奄美の人々はそれにひるむことはなかった。一八七八年七月二三日、奄美の中心である名瀬で大集会が開かれた。そして、この熱気に満ちた大集会は中央の新聞二紙によって報じられることになった。この報道が風向きを変えた。島内のこれ以上の混乱を避けるため、県は当時の大島支庁長の解任に踏み切り、大島商社の手先となって様々な妨害工作を行ってきた島役人たちも解任した。当然、大島商社の解体も決定された。西郷隆盛らによって明治の世に作られた圧政の象徴大島商社は六年の実働ののちようやく終焉を迎えることとなった。

奄美を代表する郷土誌である『名瀬市誌』はこの黒糖専売制との闘いである「勝手世騒動」と西郷との関わりについて次のように記述している。少し長くなるが引用する。

かれら（請願団）が西郷のとりなしをあてにしていたことは明らかであろう。かれらは、ちょうど始まった西南の役と投獄のため西郷に会うことはできなかったが、もし会えたとしても西郷にできたのはどの程度のことであったろうか。(中略)鹿児島という産業後進県にあって、ひたすら没落士族の生活に頭を悩ましていた西郷に期待できるものは、少なくとも島の人たち待望の「勝手世《かってゆ》」とはほど遠いものでしかなかったろう。

この章のはじめで見たように、そもそも大島独占商社そのものが西郷その人の承諾と指導の下に出発した機構であることを知ったら、どんな顔をしたであろうか。

戦後でた郷土誌で、獄中から出陣を「志願」した請願団の人たちを、「西郷先生のため」よろこんで身をささげたように書いたものがあるが、甚だ疑問である。かれらは、個人的には西郷に敬意と好意を持っていただろうが、西郷をかつぐ私学校党勢力こそが島の解放の最大の障害であることを全く知らないほど無知ではなかったはずである。当時の実情を知らない戦死者の子孫が、後に生じた西郷神話の衣で父母の屍を包み、それに郷土史家が誤られたもののようである。

(名瀬市誌編纂委員会編『名瀬市誌』一九七一年)

明治維新の最大の功労者の一人といわれる西郷隆盛であるが、奄美にやってきた明治は江戸時代と全く変わらない封建的な収奪体制の世の中であった。それを主導したのが西郷であり、請願団の命を奪ったのが西郷を首謀者とする私学校党勢力であったという歴史的事実を忘れてはなるまい。

III

征韓論と遣韓論の間で揺れる西郷像

西郷は「遣韓論者」か？

二〇〇六年六月の県議会において、当時の鹿児島県知事だった伊藤祐一郎は県議会の答弁の中で、西郷隆盛は征韓論者ではなく交渉によって戦争を避けようとした遣韓論者であるとし、教科書会社に「征韓論」「遣韓論」を両論併記するよう求めた。以下、少々長くなるが、その件について報じた新聞記事を引用する。

明治維新の立役者、西郷隆盛が、武力で朝鮮に開国をせまる「征韓論」を唱えたと教科書に記載されていることについて、鹿児島県の伊藤祐一郎知事は28日、県議会の答弁で、西郷は交渉に行って、戦争を避けようとした、との「遣韓論」も併記するよう、出版社側に要請する考えを明らかにした。議員からの西郷隆盛に関する質問に対し答えた。通説では、西郷は一八七三年、朝鮮の鎖国政策を武力で打破しようと征韓論を主張したが、大久保利通らに反対され、参議を辞し、下野したとされ、教科書にも記載されている。鹿児島県の公立学校で使用されている歴史教科書では、中学二種類、高校十四種類のすべてで「征韓論」だけが記載されている。しかし、歴史学者の間では「西郷は使節派遣で、道義的に、平和的に交渉することを目指していた『遺韓論』者だった」との説もあり、「国史大辞典」(吉川弘文館)にも「あくまで交渉をつくして戦争を避けるにあったか、士族の不平を外にそらすための外征の名義を整えるにあったか、研究者の間に解釈の相違がある。」と記されている。答弁で、伊藤知事は西郷の人柄を「清廉潔白で無欲」などと評し、「教育の場で本当の姿が伝えられていないのは残念。出版社へ併記を求めたい」と述べた。

(『読売新聞』二〇〇六年六月二八日)

この伊藤知事の要請を受け、第一学習社(本社広島市)は教科書記述から「西郷は征韓論を唱えた」との記述を削除した。一地域の首長が教科書記述に関して意見を述べること自体異例のことだと考えられるが、これを受けて修正・削除に応じた教科書会社が出てきたという事実もこれまたきわめて異例のことであった。

征韓論とは何か

そもそも「征韓論」とは何なのか、簡単にふれてみたい。高校で最も採択率が高いといわれている山川出版社の日本史教科書『新日本史B』では、いわゆる征韓論争の経過について次のように記述している。

　新政府は、朝鮮と新しい形の国交を樹立するため、交渉を試みた。しかし、これを不満とする朝鮮から拒絶され、征韓論が高まる中、西郷隆盛を中心とする留守政府は不平士族にも配慮して、一八七三年、西郷隆盛を朝鮮へ使節として派遣することを決定した。

そして、注の中で「征韓論」をこう説明している。

　日本の開国要求を拒絶した朝鮮を、武力で討つことを主張した。朝鮮侵略論は朝鮮蔑視感の強まりとともに幕末から唱えられていた。

吉田松陰が『幽囚録』の中で「欧米列強と肩を並べるためにまず近隣諸国を切り従えるべし」と主張したことはその代表例といえる（奈良本辰也『吉田松陰著作選　留魂録・幽囚録・回顧録』講談社学術文庫、二〇一三年）。

明治の国定教科書には、征韓論は、朝鮮が日本に対して「無礼の事」が多かったためだと記述しており、日清戦争の書き出しも征韓論に始まっている。

征韓論はまさに大陸侵略政策の「先駆」と位置づけられていたと言える。

つまり、「朝鮮を討つべし」という「征韓論」のグループの中に西郷がいて、その西郷が全権使節として朝鮮に派遣される予定であったということである。それに対し、伊藤知事は、西郷は、道義的に、平和的に、戦争を避ける交渉を行おうとしていたのであり、武力侵攻の意図はなかった。したがって、「征韓論」ではなく、使節として朝鮮に派遣される「遣韓論」を主張したというべきであるというのである。

事実を整理するために、教科書記述に書かれてあることを少し詳しく説明する。

江戸時代、朝鮮王家と徳川将軍家は良好な関係を築いていた。将軍の代替わりごとに朝鮮通信使が合計一二回、対馬の宗氏を先導に江戸まで派遣されていたことは有名である。豊臣秀吉の朝鮮侵略の後だけに徳川の側も礼を尽くしていたし、朝鮮の側も「善隣」という表現でその関係を大切にしていた。その良好な関係を維持していた幕府は薩長を中心とする倒幕勢力に倒され、その倒幕勢力による新政府が成立した。新政府は「王政復古」を通告する使節を朝鮮に派遣した。

しかし、朝鮮側はその使節の持参した文書に反発した。ひとつは「皇」「勅」という言葉が文書の中に使われていたことである。清国を宗主国とする朝鮮にとって「皇」は清国の皇帝を意味する言葉であり、「勅」はその皇帝から発せられるものであった。朝鮮は、日本の新政府から見下されたものと解釈した。

また、新政府は朝鮮に開国を要求していたが、当時の朝鮮は国王の父大院君を中心として「攘夷」の国であり、依然として「鎖国」を守っていた。結果、朝鮮側は日本側使節の文書の受け取りを拒否した。そのうえ、釜山に置かれていた日本公館に「日本は無法の国である」とする排日的な文書が掲示されていたことがわかった。そのような情勢を受け、日本国内では「朝鮮討つべし」という征韓論が巻き起こっていた。

当時は岩倉具視を全権大使とし、大久保利通、木戸孝允を副使とする岩倉使節団が欧米を視察中であり、留守政府は西郷隆盛、板垣退助、江藤新平らが中心であった。岩倉、大久保ら使節団と留守政府にはある約束事があった。それは、使節団が日本に帰ってくるまで「大きな政策の変更を行わない」ということであった。しかし、留守政府は使節団出発後矢継早に改革を実行していった。地租改正に徴兵令、学制の発布、解放令（筆者註―被差別民に対する呼称を廃止し、身分・職業を平民と同じにするという布告）など維新を代表するような改革がこの留守政府主導のもとで行われたのである。その留守政府の中で「征韓論」が進行していたのである。

「征韓論」グループも一致した考えで結束していたわけではない。板垣退助などは強硬な即時派兵論であった。それに対し、西郷は、自らが使節として朝鮮に赴き、直接朝鮮と交渉することを主張した。護衛をつけることも拒否したという。そして、自分の交渉が不発に終わり自分が殺されるようなことになれば、その時は派兵し決着をつければ良いという考えであった。いったんこの西郷の使節派遣は閣議決定された。しかし、急遽帰国した大久保、岩倉らは、欧米視察の経験をもとに、今は国内の充実を図るべき時であり、朝鮮との戦争は国力を疲弊し、近代化を遅らせるだけであると反対するに至った。この「征韓」派と「内治」派の意見の対立を征韓論争と呼んでいる。結局、岩倉が閣議決定とは別に自らの反対意見を上奏するという手段を取り、天皇は岩倉の意見を採用し使節派遣は無期延期となった。

その経過に憤慨した西郷は、板垣、江藤新平らとともに参議を辞し、大勢の薩摩藩出身者を引き連れて鹿児島に帰ることになる。

毛利敏彦の「遺韓論」

この「征韓論争」の図式に異議を唱えたのが歴史学者毛利敏彦であった。毛利は『明治六年政変の研究』（有斐閣、一九七八年）と『明治六年政変』（中公新書、一九七九年）により、これまでとは全く異なる説を発表する。つまり、西郷は征韓論など唱えたことはなく、朝鮮と道義的・平和的な交渉を行うために使節になろうとしただけであると主張した。

それ以後、この考えは「征韓論」に対し「遺韓論」と呼ばれるようになった。伊藤知事が教科書書き換えを主張した論拠はまさにこの「遺韓論」であった。西郷の「聖地」である西郷南洲顕彰館もこの「遺韓論」を採用しており、鹿児島ではこの「遺韓論」が相当に幅を利かせていると言ってよい。

では、西郷が征韓論者ではない理由とは何なのか。これまで西郷による征韓の意図を示す根拠とされてきたもののひとつに、西郷による板垣退助宛ての書簡（一八七三〈明治六〉年七月二九日付板垣退助宛西郷書簡）があった。西郷は板垣に対し、「公然と使節を差し向けられ候わば、暴殺は致すべき儀と相察せられ候に付き、何卒私を御遣わし下され候処、伏して願い奉り候。……死する位の事は相調《あいととの》い申すべきかと存じ奉り候間、宜敷希《よろしくねが》い奉り候」（筆者訳―使節は必ず暴殺されますから開戦のきっかけになるはずです。だから私を派遣することに協力してください。私も死ぬくらいのことはできます）と伝えている。

毛利はこれを西郷の本意による手紙ではないと言う。当時、朝鮮への使節になる最大の候補者は外務卿である副島種臣《そえじまたねおみ》だったと見られている。外交の責任者であることから使節になるという可能性は大であったはずである。しかも、当時の参議六名のうち三名の大隈重信、江藤新平、大木喬任《たかとう》は副島と同じく旧肥前藩出身。西郷とすれば自分が使節として派遣されるためには、自分以外の板垣退助、後藤象二郎の旧土佐藩出身の二名を味方につける必要があり、強硬な征韓論者板垣退助を説得するためにあえてそのような文面になったというのである。西郷はこの手紙の中で「内乱を冀《こいねが》ふ心を外に移して、国を興《おこ》すの遠略」という有名な言葉を残している。明治維新に納得していない不平士族の不満を対外戦争を起こすことによって解消するという意味なのであるが、これも本意ではないというのであろうか。

毛利は、「自説が広がりつつある」と言っているが、この説が発表されて以来多くの研究者が疑問を呈している。歴史学者の田村貞雄や原口清は毛利説を直接批判しており、田中彰、宮地正人、石井寛治、飛鳥井雅道ら明治維新研究者らはいずれも毛利説を採用してはいない。なお、家近『西郷隆盛』の中には次のような記述がある。

一九九〇年代に入って深められた研究の深化によって、政変が発生するに至るまでの基本過程にまつわる史実はほぼ解明された。その結果、西郷非征韓論者説は、はなはだ旗色が悪くなったと総括しうる。

「遣韓論」は学説としては少数派なのである。

実在した征韓計画

明治維新史学会の会長（二〇一八年当時）である勝田政治は征韓論は「使節派遣→朝鮮国拒否→開戦と最終的には朝鮮国との戦争を期す」というのが妥当だと述べる。そして、毛利が「西郷の本意ではない」とした西郷の板垣宛書簡がやはり重要であるとする。すでに紹介している西郷の板垣宛書簡であるが、西郷の使節派遣の決定を求める閣議開催を求めた三条実美太政大臣との会談の内容を板垣宛てに手紙で説明した一八七三年八月一七日の書簡が特に重要である。長くなるが引用する。

此の節は戦いを直様《すぐさま》相始め候訳にては決してこれなく、戦いは二段に相成り居り申し候。只今の行き掛かりにても、公法上より押し詰め候えば、討つべきの道理はこれあるべき事に候《そうら》得《え》共《ども》、是は全く言い訳のこれある迄にて、天下の人は更に存知これなく候えば、今日に至り候ては、全く戦いの意を持たず候て、隣好を薄する儀を責め、且つ是までの不遜を相正し、往く先隣好を厚くする厚意を示され、候賦《つもり》を以て、使節差し向けられ候えば、必ず彼が軽蔑の振る舞い相顕れ候のみならず、使節を暴殺に及び候儀は、決って相違これなき候間、此の節は天下の人、皆挙げて討つべきの罪を知り申すべく候間、是非此処迄《ここまで》持ち参らず候わでは、相済まざる場合に候段、内乱を冀《こいねが》う心を外に移して、国を興すの遠略は勿論、旧政府の機会を失し、無事を図って、終に天下を失う所以《ゆえん》の確証を取って論じ候

（『西郷隆盛全集三』大和書房、一九七八年）

ここにあるのは戦争は「二段」構えで行うということである。すぐさま戦争をすることもできるが、相手も言い訳のあるところである。そこで、使節を送れば、きっと相手は「軽蔑」のふるまいだけでなく、使節を「暴殺」してくるに違いない。そうすれば、相手の罪は明らかとなる。この機会に、不平士族の「内乱」を起こそうという心を外に向けさせることが国のためになる。

西郷の「本意ではない」かどうかは別にして、そういう文章に読めることは衆目の一致するところであろう。

これについては、西郷は「事態打開を図るには自分が行くしかない。自分が行けば何と

かなる」と思っていただろうという説もある。長州出兵の際は征長軍の事実上の参謀として、岩国に乗り込み、長州側の吉川経幹と談判して長州の処分を行った。その後、五卿引き渡しで奇兵隊と紛糾した時も、下関に護衛もつけずに単身敵地に乗り込んで問題の解決を図ろうとした。「単身乗り込んで解決を図る」のが西郷の行動パターンの基本であるということである（落合弘樹、『南日本新聞』二〇一八年九月二〇日）。

また、西郷は「死に場所」を探しているという説もある（家近『西郷隆盛』）。幼少の頃から身近に多くの死に接してきた西郷は、斉彬の死の際も殉死を考えたし、勤王の僧月照とはともに入水自殺を図った。いつ死んでも良いと考えている西郷にとっては、大義名分の立つよき死に場所がこの使節になることで確保できるということである。

どちらも、自分の死後にどのような征韓計画があったかは明らかにされておらず、「道義的・平和的交渉」を行う使節であったという説を補強することにもなるが、戦争を止めようという強い意思があるわけでもないので、結局は「征韓論」における朝鮮を攻める口実を作ろうとしているだけともとれる。

しかし、最近その「征韓計画」が明らかになった。諸星秀俊の論文（「明治六年『征韓論』における軍事構想」（軍事史学会編『軍事史学』第一七七号、二〇〇九年六月）によれば、その

「征韓計画」は、西郷のお膝元である鹿児島県の『鹿児島県史料　西南戦争』（鹿児島県維新史料編纂所編、鹿児島県、一九八〇年）第三巻にあった。「明治一〇年西南ノ役土佐挙兵計画ノ真相」である。西郷は板垣、副島と共に一八七二年頃から朝鮮国との戦争準備を進めていたという。一八七二〜七三年始めにかけて板垣と伊地知正治（筆者註—旧薩摩藩士。当時左院副議長。軍略家として知られ、戊辰戦争にて活躍。征韓論を唱えるが下野せず政府内に残る）によって具体的な征韓計画が立てられていたのである。

『鹿児島県史料』によれば、「使節ノ談判破裂セバ直チニ征韓ヲ実行スル協議ハ、西郷・板垣・伊地知三氏ノ間ニ約セラレタリト聞ケリ」とあり、西郷が使節として朝鮮に行き、交渉が決裂した場合は、「征韓」つまり軍事行動に入ることを西郷、板垣、伊地知の三名で合意しているという。そして、具体的な軍事行動についても次のような記述がある。

桐野少将ハ征韓ノ兵員ハ十大隊ヲ以テセハ充分ナリト云フ、又韓国ノ視察ヲ了ヘ帰朝シタル別府少佐は、二三個中隊ノ兵員ニテ足レリト壮語スト云フ、然ルニ西郷氏ハ一切ノ戦略ヲ挙ゲテ之ヲ板垣・伊地知二氏ニ委スルノ考エナリキ西郷の腹心である桐野利秋、別府晋介が朝鮮派遣の軍隊規模で議論しているところに西郷が「一切の戦略は板垣退助と伊地知正治に任せる」と言ったという。戊辰戦争における板垣の軍功を高く評価しての判断のようである。

先述の勝田の言うところの「使節派遣↓朝鮮国拒否↓開戦と最終的には朝鮮国との戦争を期す」という征韓論の図式は西郷も了解し関知していたことは明らかなように思える。

狙いは満州？

諸星の論文にはさらに興味深い引用記述がみられる。著者自身が傍線を付しているところを見ると特に強調したかったところではないかと思われる。旧薩摩藩士・有馬藤太の著書（有馬純雄『維新史の片鱗』日本警察新聞社、一九二一年）にある西郷をめぐる回想の中の一文である。

（西郷先生は）朝鮮朝鮮と八釜《やかま》しく皆云うちょるが朝鮮はホンの通り道ぢゃ。満州を占領して茲《ここ》に始めて我々の足場が出来るのだ。此満州の足場を作って置いて、我に手向かう者は片っ端から征服する。

征韓論の時に朝鮮とともに外交問題となっていたのはロシアの問題でもあった。西郷と板垣は、別府晋介らを朝鮮に、池上四郎らを満州に調査のためほぼ同時に派遣しており、彼らによって現地の情報や地図が持ち込まれている。これらの情報をもとに「征韓計画」が練られた可能性が高い。

有馬の回想が正しいとすれば西郷らの目的は朝鮮の向こうの満州であったことになり、その侵略性は明白である。「征韓論」という用語は「遣韓論」とは違った意味で再検討される時が来るのかもしれない。

前述したが、南洲神社の傍らに「旅順陥落記念」碑がある（一二二ページ参照）。この碑にどういう思いが込められているのかがわかるような気がする。「やっと念願が叶いましたよ。西郷どん」――そういうことではなかろうか。

ただ、諸星が言うようにこの「征韓計画」を具体的に記した文書は見つかっていない。勝田が諸星論文に触れた際に「（作戦計画の）全容は不明である」と付け加えているのはそういうことであろう。歴史研究者によるさらなる検証を期待したい。

変わらぬ「遺韓論」

このように「西郷は平和的・道義的な交渉を行おうとした」とする「遺韓論」は多くの歴史研究者によって否定されてきたと言ってよい。しかし、いまだ「遺韓論」を主張する論者は多い。それは一部の西郷信奉者だけではない。二〇一七年七月二日の『朝日新聞』にも「西郷どんの征韓論に異説　長州閥の策略？　本当は反対派？」という記事が載っている。いわゆる毛利説の紹介に終始し、反論は紹介されていない。そのうえで、西郷を征韓論者とする「これらの通説は見直してみる必要がありそうだ」と結論づける。「何を今さら毛利説？」という反応も多かったと聞くが、朝日新聞の影響力を考えれば、「なるほど西郷は征韓論を主張していたわけではないのか」と思う読者が出てくることも十分予想される。

西郷の地元、鹿児島では相変わらず「遺韓論」が幅を利かせている。西郷南洲顕彰会の研究紀要である『敬天愛人』によれば、「鹿児島の県立や私立資料館は遺韓論を基に資料を展示している」とある。ここで、冒頭紹介した伊藤知事の県議会答弁を引用したい。

西郷をめぐる「遣韓論」あるいは「征韓論」につきましては、専門家の間でも諸議論がありますが、少なくとも明治六年の政変当時、西郷が即時出兵や兵力随行等の意見を抑え、みずからが務める使節のみの遣韓を要請したという点については、異論のないところであると考えております。郷土の偉人西郷隆盛の清廉潔白で無欲恬淡な人格、敬天愛人に代表される高邁な精神は、福沢諭吉や内村鑑三などの著作によって高く評価されており、海外でも通用する我が国の逸材として、日本人としての誇りを涵養する格好の教材であると考えておりますが、高校の教科書などにおいては、西郷は征韓論者として位置づけられており、西郷の本当の姿が教育の場におきまして、次世代を担う子ども達に必ずしも正しく伝えられていないことは非常に残念であると考えております。（『読売新聞』二〇〇六年六月二八日）

熱狂的な西郷ファンである県議会議員の質問に答えた西郷ファンの知事の答弁であった。西郷を「郷土の偉人」としたい人たちが西郷を敬慕するのは当然であろうが、それが過ぎて歴史の事実と相違する論が、学校教育という場で子どもたちに伝えられていくことは厳に慎まなければならないのではないか。

IV

西南戦争の大義名分は「西郷暗殺計画」だった

鹿児島に帰る

征韓論争に敗れた西郷は一八七三年一〇月二三日、政府に辞表を提出した。参議、近衛都督、陸軍大将を兼任していた西郷であったが、参議、近衛都督の辞任は認められたが、陸軍大将の職はそのままであった。それ以後も陸軍大将の給与は支払い続けられた。一〇月二四日征韓派の板垣、後藤、江藤、副島ら留守政府の中枢を担った四人の参議も辞表を提出した。西郷の腹心たちもこれに続いた。陸軍少将桐野利秋に続いて近衛局長官であった篠原国幹は天皇直々の慰留も無視して辞職し西郷に続いた。軍関係者に留まらず警察幹部であった坂元純熙《さかもとすみひろ》、国分友諒《こくぶともさね》も辞職し、結果として警察においては同じ薩摩出身の川路利良《かわじとしよし》の力が強まった。文官においても、岩倉使節団に随行し欧米の事情にも通じていた宮内少丞《くないしょうじょう》村田新八も西郷との関係を重視しこれに続いた。

辞職は薩摩関係者に留まらず、板垣や後藤に連なる土佐藩出身者にも及んだが、当時の全国の士族の一割（一八七二年「壬申戸籍」より）を占める薩摩藩士の有力者西郷とそれに続いて多くの軍人、警察官、文官が政府を去ったことは政府にとっては大きな打撃となった。近衛兵が天皇の意向を無視する状況が当時の状況をよく物語っているように思える。

しかし、薩摩閥でも政府内に残った者も少なくなかった。実弟の従道や従弟の大山巌は親族であっても西郷に続くことはなかったし、参議兼開拓使長官黒田清隆、海軍少輔《しょう》川村純義らも留まった。その結果、西南戦争では薩摩閥同士が相まみえることになる。

大久保、木戸も同じく参議の辞表を提出したが、両名の辞表は却下された。明治天皇は西郷らではなく大久保、木戸らを選んだのである。この後、一気に大久保の権力が強まった。大久保が「専制政治」「独裁」といわれるのはこれ以降のことである。

よくいわれるように、同じく下野した西郷と板垣であるが、西南戦争を起こした西郷と自由民権運動の旗手となった板垣とでは、その後の行動は実に対照的であった。ただ、目的は打倒大久保政権で共通していた。

のどかな日々

鹿児島に帰った西郷は、これまでにない実にのどかな日々を送ることになる。愛犬を連れて大好きな狩りを行い、そのまま温泉に浸かる。雨の日は本を読んだり書に取り組んだりしたようである。

農作業にも精を出し、自ら鍬を持ち芋などを育てていたといわれている。

この時期が「のどかな日々」であったのはいくつか理由のあることである。ひとつは、これまでの煩雑な仕事や人間関係のストレスから解放されたことである。戊辰戦争後もいったんは帰郷し、廃藩置県の時に呼び戻されるまでは同じような生活を送っていたが、今度は「このまま静かに」という思いもいくらかあったに違いない。

また、西郷が帰郷すると、それと入れ替わるように島津久光が新政府に呼ばれて東京へ行くこととなった。久光は西郷にとっては常に「ストレスのもと」のような存在であった。

久光は、西郷が留守政府の中枢にいた時は何度も西郷に激怒しているし、西郷に無理難題を押し付けてもいた。政府に西郷の罷免を要求したことも再三あった。政府にとっては、今のまま久光が西郷の天敵であれば良いのであるが、西郷と久光が連携して反政府的行動をとることが最大の懸念材料であった。西郷の周辺には戊辰戦争の実行部隊である中下級武士が集まっており、久光の周辺には旧藩時代の上級武士たちが集まっていた。その両方の集団が「反大久保」で結束しないとも限らなかった。

つまり、西郷と久光を引き離す工作として久光を政府内に取り込んだというわけである。

久光は政府顧問や左大臣などの役職に就くことになるが、大久保の欧米追随の政策にはついていけなかったと見える。それどころか逆に、西郷を政府内に呼び戻そうと直接西郷に会いにいったりもしていた。久光にとっては西郷とはこれまでのいきさつによる確執であり、大久保とは目の前の政策上の確執であったのかもしれない。ちなみにこの西郷を呼び戻そうとした鰻池《うなぎいけ》温泉における久光との会見は二人で顔を合わせた最後の機会となった。

とにかく、西郷が帰郷した時期には〝天敵〟久光は鹿児島にはいなかった。それは、西郷にとって幸せなことであったのである。

私学校設立

薩摩藩時代、人口の約二六%を武士が占めていたことは有名であるが、それは明治になっても変わらなかった。西郷らが下級武士を手厚く扱ったこともあり、士族は温存されていた。そのうえ、西郷の下野とともに多くの軍人、警察官らが鹿児島に帰ってきたのである。しかも、政府に逆らっての帰郷であったために、鹿児島はまさに「不平士族の巣窟」となった。政府が常に密偵を送り込んで監視していたのであるが、そのような不穏な状況であれ

私学校の石塀（鹿児島市城山町）

ば当然のことであろう。

西郷はそのような「不平士族」のために私学校（筆者註―私学校というのは俗称で、実際は「銃隊学校」「砲兵学校」の二つを指す）を設立した。政府の学校ではないため「私学校」という俗称で呼ばれることになる。正確に言うと、私学校とともに賞典学校（筆者註―幼年学校。賞典禄で設立されたので賞典学校と呼ばれるようになった）と寺山開墾社も設立した。私学校は鶴丸城横に本校を置き、城下の一一カ所と地方に散在する郷の一〇二カ所に分校を置いた。軍人、特に士官の養成を主たる目的とした学校で、科目のほとんどは軍事訓練であったようであるが、一日おきには古代中国の歴史書を読んだりもしたようである。家近『西郷隆盛』によれば、この私学校設立の目的には近い将来に発生するであろう対外危機に備えての面があったとのことである。その仮想敵国はロシアであった。西南戦争で鹿児島を出発する時に西郷は、県令の大山綱良に対して、これまで「人数をまとめて居」たのは「近年のうちに外難《がいなん》の興《おこ》ると見」込んでいたからだと述べたという。ただ単に不平士族の暴発を防ぐために「囲っていた」というわけではなかったということである。

なお、西郷らの拠出金をもとに設立されたため「私学校」と呼ばれてはいたが、後に大山県令の支援のもと公的な存在となり、西南戦争前には、鹿児島県全体に役人を張り巡らせる人材供給源となる。

賞典学校は、西郷らが支給されていた賞典禄を原資として作られた学校であるが、ここはもっぱら学問をする所であったようである。漢学の他、仏語科、英語科が置かれ、外国人教師も招かれていたようである。なお、この中からはフランスに留学する者もいたという。優秀な文官を養成する学校であったと考えられる。

寺山開墾社はいわゆる農場である。鹿児島市の北部の高台の農地で、寄宿舎のような建物もあった。元陸軍教導団（筆者註―陸軍省直轄の兵団で陸軍諸兵の下士に任ずべき兵団）の生徒だった一五〇人ほどが集められ、昼は農地開墾、夜は勉学に努めていたという。ここは西郷自ら開墾したといわれ、生徒たちは西郷の一挙手一投足を真似ていたといわれている。鍛錬の場であると同時に、士族が生きていくためのいわゆる「士族授産」の場でもあった（筆者註―ちなみに、現在この場所には鹿児島市少年自然の家があり、鹿児島市内の小中学校の児童・生徒が宿泊しながら心身を鍛錬する場となっている。おそらく、この寺山開墾社の現代版を意識して建設したのであろう）。

西郷王国

私学校が大きな勢力となるにつれて鹿児島県令の大山綱良はそれまで一定の距離を置いていた西郷や私学校派との提携に乗り出すようになる。その方が県政の運営に有利と判断したものと思われる。実は、鹿児島では徴兵検査や家禄の金禄改定なども行われず、県庁の人事も県外出身者は排除されていた。大山は、政府に急ぐように言われていた地租改正事業を西郷や私学校派の協力のもとに行った。そして、一八七六年ごろには地方役人の過半数は私学校出身者で占められるようになった。この動きはさらに加速し、県庁の役人や警察官までも私学校出身者で占められるようになった。こうなると、「私学校に入らなければ役人、警察官になれない」という状況が生まれ、まさに鹿児島は独立国「西郷王国」となっていく。

当然、政府は警戒感を持つようになり、「一触即発」の状態となる。

士族の反乱と政府の「鹿児島士族」懐柔策

西南戦争の前にも、士族の反乱が起こっていた。一八七四年、西郷と同じく征韓論争に敗れた江藤新平は佐賀で兵を挙げたが（佐賀の乱）、政府軍に鎮圧され江藤は斬首される。江藤は捕縛される前に、協力と援助を求めて、佐賀と同じく士族を中心に政府への批判が渦巻く鹿児島と高知に向かっている。鹿児島に向かった江藤の目的はもちろん西郷に会うためであった。西郷は山川（現・鹿児島県指宿郡山川町）の鰻池温泉で江藤に会ったとされるが、西郷は江藤の「反乱への協力」の申し出を断った。その後、江藤は高知に向かいその地で捕縛される。西南戦争の前年一八七六年の一〇月には熊本の神風連の乱、福岡の秋月の乱、山口の萩の乱と、旧士族を中心とする反乱が続々と起こった。萩の乱においても首謀者前原一誠から相談をもちかけられたが、西郷はそれを断った。一連の旧士族による反乱は私学校の者たちを大いに刺激した。「今こそ」と血気にはやる若者たちを西郷ら幹部は抑えるのに苦労した。

しかし、西郷は反乱が続出した状況を喜んでいた。特に、萩の乱の際には盟友の桂久武宛書簡の中で「珍しく愉快の報を得申し候。（中略）前原の手は余程手広く仕掛け居り候故、此末、四方に蜂起致すべしと合い楽しみ居り申し候」と述べている（大西郷全集刊行会編『大西郷全集三』一九二七年）。反乱そのものへの協力は拒みながらも、その行く末を期待を込めて見守っていたことがわかる。政府軍はそれぞれの反乱を鎮圧するが、最大の不安要素が「西郷王国」と化した鹿児島であったことは間違いない。

政府は、西郷が鹿児島に帰った後、その「不穏な状況」を打開するために、西郷に対し、または鹿児島県当局に対し様々な懐柔工作を行っている。まずは、西郷を再び政府に呼び戻そうとする工作を再三行っている。前述したように、廃藩置県以降さらに関係が悪化し「不仲」とも噂された久光が西郷の再出仕を説得したこともあったようであるが、不発に終わっている。

鹿児島県当局に対しては、政策によって取り込もうと画策した。秩禄処分（筆者註―華族や士族に与えられた家禄と維新の功労者に与えられた賞典禄を合わせて全廃した処分。経過措置として期限付きの公債が支給された）は鹿児島においてその実施が大いに遅れていた。大勢の武士が一気に困窮化し、反乱の火種になる可能性が高かったからである。結局は、「特例措置」が講じられ、政府は、鹿児島の旧士族に限って「特別扱い」を認めたのである。

台湾出兵も鹿児島の旧士族対策の一環と見る考え方がある。出兵の責任者は西郷従道である。言うまでもなく西郷の実弟である。台湾出兵は、一八七四年、台湾先住民が琉球人民に危害を加えたことをきっかけに起きたものであったが、この台湾出兵を新政府は好機ととらえたようである。不平士族の不満をやわらげるためである。

家近によると、この台湾出兵では薩摩閥と長州閥の対立が生じたようである。薩摩閥の西郷従道はこの事件の解決を命じられ台湾に到着すると、「使節派遣」の方針を急遽変更し、「植民地化」を視野に入れた「台湾出兵」を強行した。この薩摩閥を中心とする動きに対し、木戸や伊藤博文、井上馨らの長州閥が反感を露わにする。これは「内地優先論」からというよりは長州閥の薩摩閥に対する感情的なものから生じたものであるという。この薩長の対立は、両派閥の均衡の上に存在していた大久保利通が出兵を追認したことで一気に動き始める。

西郷従道はすぐに兄隆盛に協力を依頼し、隆盛は鹿児島から「徴集隊」を参加させることになる。総勢三六五八名のうち鹿児島の徴集隊は二九五名を占めた。実は、鹿児島からの出兵は前年に隆盛から従道に要望されていたものであった。その「台湾出兵」は、薩摩閥から「征韓」の代わりに三条実美《さんじょうさねとみ》に約束させたものともいわれている。征韓論争と薩長の派閥対立が「台湾出兵」につながったということである。その延長上で「琉球処分」（筆者註―一八七九年日本政府は軍事的圧力のもと、琉球藩の廃藩と沖縄県の設置を実施）が実現されたことを考え合わせると、この「台湾出兵」は単なる軍事衝突以上に近代史上に大きな意味を持つ出来事だと言える。

武器・弾薬庫の襲撃

独立国と化し、不平士族最大の勢力となった鹿児島の状況に対し、政府側が懸念したのは、鹿児島に存在する大量の武器・弾薬であった。当時、鹿児島には島津斉彬が整備した集成館を中心とした日本最大級の工業地帯が存在し、集成館の海軍鹿児島造船所や滝之上《たきのかみ》火薬製造所、敷根《しきね》火薬製造所などで大量の武器・弾薬が製造、備蓄されていた。

一八七七年一月、政府は三菱の汽船赤龍丸を鹿児島に派遣し、私学校側に武器・弾薬が渡らないように夜間にこっそり搬出を始めた。それを知った私学校生徒は激昂し、まずは草牟田《そうむた》の陸軍火薬庫を、続いて海軍鹿児島造船所を襲撃して大量の武器・弾薬を奪取した。実質これが西南戦争の引き金となったことは間違いない。

西郷は、大隅半島の小根占《こねじめ》で狩猟の最中であったが、この事件の一報を聞き、「しもた（しまった）」と言ったといわれている。西郷は急きょ鹿児島に帰り、私学校生徒の軽率な行動を叱りつけたともいわれているが、幹部会で出兵が決まると「おいの体は差し上げもそ」と、その決定に従った。

密偵と「西郷暗殺計画」

西南戦争の挙兵の理由である「政府に尋問の筋これ有り」の「尋問」は、政府による武器・弾薬の搬出事件に対してのものではない。いわゆる「密偵による西郷暗殺計画」に対してである。政府が鹿児島県出身者を密偵として鹿児島に潜入させたことは間違いない。密偵たちの目的は三つあったとされている。一つ目は「鹿児島の内情を探る」こと。二つ目は「鹿児島内の旧士族を分断する」こと。つまり、私学校派から離反する勢力を作ること。そして、三つ目が「西郷を暗殺する」ことであったという。
この三つ目「西郷暗殺計画」が西郷や私学校派が大久保を中心とする政府に「尋問」したい最大の理由であった。
挙兵を決定した私学校幹部の会議で桐野利秋は次のように述べたという。

現在の状況では区々たる大義名分などにこだわっている場合ではなく、ただ断の一字あるのみ、君側廓清《くんそくかくせい》・政体一新、この目的のために先生を押し立てて旗鼓堂々《きこどうどう》総出兵の外《ほか》に採るべき途《みち》はないと思う。

（猪飼隆明『西南戦争』吉川弘文館、二〇〇八年。以下猪飼『西南戦争』）

一時は私学校派の暴発を抑えようとした西郷であるが、出兵を許可した最大の理由は何か。家近『西郷隆盛』によれば、西郷は「武器・弾薬の県外への搬出」に対しては「大いに憤怒し」私学校生らを譴責したという。しかし、「自らの暗殺計画」の報を聞くや「意を決して、衆と訊問の事を議定」したという。
この後、出兵の理由になる「政府に尋問の筋これ有り」の尋問とは「自らの暗殺計画」

に対することだということは明らかである。
鹿児島県令の大山綱良は、県令名で各鎮台・各府県あてに次の通知書を認《したた》めた。
長くなるが、これが西南戦争の大義、目的を述べた公式文書となるので紹介する。

今般当県官員へ専使《せんし》申付《もうしつけ》、御通知ノ事件左ニ申進候。近日当県ヨリ旧警視庁へ奉職ノ警部中原尚雄其外別紙人名ノ者共、名ヲ帰省ナドニ託シ潜カニ帰県之処、彼等潜ニ国憲ヲ犯サントスルノ奸謀発覚シタルニ付、即チ御規則ニ本ツキ、其筋へ申付、該人名捕縛ノ上糾問ニ及ビ候処、図ラスモ該犯ノ口供《こうきょう》別紙ノ通ニ有之候。就《つ》イテハ右事件陸軍大将西郷隆盛・陸軍少将桐野利秋・陸軍少将篠原国幹等カ耳聞ニモ相触タルカ、右三名ヨリ、今般政府へ尋問ノ筋有之、不日《ふじつ》ニ当地発程《はってい》致候間、御含ノ為メ此段届出候。尤《もっとも》旧兵隊之者共随行、多数出立致候間、人民動揺不致様御保護及御依頼候也トノ書面ヲ以届出候ニ付、県庁ニ於テ書面之趣御聞届之上、朝廷へ御届申置候間、為御心得《おこころえのために》此段及御通知置候也。

明治一〇年二月　　　　　　　　鹿児島県令　大山綱良

各鎮台

各府県　御中

（長崎県史料、「征討薩賊挙兵」長崎県警察署罫紙写し、長崎県立図書館蔵）

要点をまとめると、

「近日鹿児島から警視庁に奉職していた中原尚雄他数名が、帰省と称して県内に潜入し重大事件を犯そうとしていることが発覚したため、捕縛し問いただしたところ、別紙の通り（西郷暗殺計画を）自ら供述した。ついては、西郷、桐野、篠原が政府にその暗殺計画の件で尋問したいことがあるということで、鹿児島を出発した。この一行には兵隊が多く随行しているため、通過する地域に動揺を与えることのないようこのように届けました」

というものであった。

大警視川路利良

西南戦争における西郷軍の出兵の理由、つまり「戦争の大義」は政府軍による弾薬の搬出への抗議ではなく、あくまで政府による「西郷の暗殺計画」に対してであった。

果たして本当に「西郷の暗殺計画」があったのかどうかは意見の分かれるところである。密偵を送り込んだのは日本警察の礎《いしずえ》を築いたとされる「大警視」川路利良であった。川路を首都東京の警察幹部に抜擢したとされるのは西郷であったが、征韓論の政変後に旧薩摩藩出身者が大量に西郷に付き従い職を辞し鹿児島に帰った時に、川路は西郷と行動を共にすることはなかった。私学校派にすれば、川路は大久保と並ぶ「裏切り者」であった。

当時、政府は財政危機から「金がかかりすぎる」と「警視庁を廃止しよう」という論に傾きつつあった。しかし、川路は猛烈に反対した。「鹿児島における不穏な動き」がその根拠とされた。一八七七年一月、とりあえず政府の方針通り警視庁はいったん廃止されたが（四年後再置）、新たに警視局が設置された。それまでの警視庁と違い、この警視局は東京に限らず全国の行政警察、監獄事務を統轄するもので、当然予算も増加となった。当時の地方警察が脆弱だったことを考えると、この警視局の設置により警察の権限は相当に強化されていた。結果的に川路の主張が通ったということである。

川路が「裏切り者」扱いされることを承知で鹿児島に帰らずに東京に残ったのは、西郷に従って鹿児島に帰った城下士への反発・コンプレックスがあったからだといわれている。

前述した通り、薩摩藩時代に士族は鹿児島城（鶴丸城）下に集まる城下士と、地方の郷に住む郷士に分かれており、郷士は城下士に差別されていたといわれている。戊辰戦争から西南戦争時にかけて中心となって西郷と共に戦ったのは城下士であり、郷士は動員された感が強かった。西南戦争以前においても、戊辰戦争後の褒賞が城下士に手厚かったことから郷士の不満は相当に大きかった。東京に残った旧薩摩藩士のほとんどが郷士であったことはそういう理由からであった。

川路の出身地は現在鹿児島市の皆与志《みなよし》であるが、鹿児島市とは言ってもかなり郊外にあり、城下に近い分かえって差別を受けることも多かったのではないだろうか。

鹿児島県警本部前に立つ川路利良像
(鹿児島市鴨池新町 10-1)

時代は前後するが、西南戦争後に川路は「西南戦争の火付け役」「西郷を裏切った人物」として鹿児島においては敵役となる。大久保が「陰で指示を出した」イメージとして嫌われたのとは違い、川路は「実際に手を下した」としてその憎悪の対象となった。新聞記事によると、川路の子孫・利永は、父から「用がなければ、鹿児島に行く必要はない」と言われていたという。西郷に刺客を送ったという疑惑をかけられた川路に対し、その一族郎党は鹿児島市の甲突川《こうつきがわ》の河原でさらし首にあった。利永にとって故郷のはずの鹿児島に親類はいなかった。いや、いなくなったというのが正確であろう。利永が鹿児島県横川町の川路の銅像除幕式に出席した時は、宿帳に「川路」ではなく「高橋」という偽名を使ったという。「何が起こるかわからない」とおびえたのである（朝日新聞鹿児島総局『薩摩の殿』南方新社、二〇〇八年）。

西南戦争から一三〇年の月日が経った時の話である。

川路が密偵として送り込んだメンバーの主力も当然郷士であった。その中心人物が、伊《い》集院郷《じゅういんごう》（現在の日置市）出身の警察幹部、中原尚雄であった。これまでも何かと城下士と対立することが多く、自発的に「密偵」となった。

明治政府の「密偵」の役割は、鹿児島の情勢を探ることと、各郷をまわりながら私学校派の動きに同調しないように呼びかけることであった。

その頃、鹿児島の警察は私学校派によって占められていた。警察だけではなく、県の役人も私学校派の勢力が強かった。「私学校派にあらざれば人にあらず」の雰囲気であり、政府が鹿児島を「独立国」とみなしたのには十分な理由があった。

中原ら「密偵」の動きはすぐにこの私学校派の警察網に掌握されることになった。すでに「西郷を暗殺するのが目的ではないか」という疑いがもたれており、私学校派はその証拠を握ろうとした。そして、私学校派は「オトリ」を送り込んだ。小山田郷《こやまだごう》の谷口登太《たにぐちとうた》である。同じく郷士の谷口は私学校には入っていなかった。入校を希望した際にこの「オトリ」役に誘われたのである。谷口は城下士から差別を受けていた郷士の出身であり、先述の台湾出兵の際、中原と共に従軍した旧知の間柄でもあった。

中原は、旧知の谷口に気を許したのであろう。お互い酒を酌み交わす状況の中、中原は西郷暗殺の計画を口にしたといわれる。実際に西郷暗殺を口にしたかどうかは定かではない。西南戦争後に、中原は西郷暗殺計画を否定するが、それは保身を考えれば当然のことであろう。一方、谷口も私学校宛の報告書では中原の発言について「(西郷を)刺し殺す」と書いていたが、西南戦争後に政府側の裁判所に提出した口供書によれば「(西郷と)差し違える覚悟」と書き換えており、私学校の報告書は「事実とだいぶ違っていた」と述べている。しかし、後年には「中原尚雄が西郷先生を暗殺せんとしことは直接尚雄より聞けるところにして、私学校党に報告したる書面は正確なる事実を直筆したるもの」（加治木常樹『薩南血涙史』薩南血涙史発行所、一九一二年）と述べている。ただ、話した相手は私学校派贔屓《ひいき》の人物であり、どれが真実であるかはわからない。

弾圧

証拠をつかんだと判断した私学校派は密偵たちの逮捕に踏み切る。私学校派はこの逮捕劇のことを東京からの密偵をやっつけるという意味から「東獅子狩り《あずまじしがり》」と呼んだ。

捕縛された中原は鹿児島城下に連行された。逮捕されたのは、加治木《かじき》の伊丹親恒《いたみちかつね》、川内《せんだい》の末広直方《すえひろなおかた》、喜入《きいれ》の安楽兼道《あんらくかねみち》、出水《いずみ》の野間口兼一ら帰省中の警察関係者らであった。いずれも郷士出身である。また、同じく帰省中であった柏田盛文《かしわだもりふみ》、大山綱助《つなすけ》ら学生も逮捕された。東京からの帰省組はいずれも「不審人物」として扱われた。

取り調べは過酷を極めた。新聞記事を資料に書かれた『鹿児島百年』（南日本新聞社編、一九六七年。以下『鹿児島百年』）には伊丹親恒の証言として次のような記述がある。

賊はただちに予を糾問所に引きすえ、調べ官二名これに臨み私学校徒及び足軽等十数名各自銃器あるいは棒、十手等のえものを手にして周囲を固めるを見る。（中略）順次拷問に合い、殴打を受くるの下、あるいは手足をくじかれ体軀を打たれ、または鞭撻の下、口これを吐けるものなり。予は即ち廷卒に引かれてその上に引きすえられ、顔面、頭、四肢、腹背、所選ばずあらゆる彼らの悪逆を受け、鞭楚《べんそ》乱打《らんだ》急霰《きゅうか》の如く、肉破れ骨くじけ目くらみ血を吐く。人事不省におちいるものしばしば廷卒《ていそつ》轍《わだち》抱き起こして蒙《こうむ》らずに水を持ってし、僅かに生気を復さしむ。いずれも、身皮肉全《まった》きを有せるものいくばくもなく、殴打の跡ことごとく黒色に変じ以前の顔見るべくもあらず、殊に甚だしきは手指五本全く毀《こぼ》ち去られ、ただ白き骨のみ露わに残り横臥《おうが》立つ能《あた》わず……

最もひどい扱いを受けたのはもちろん中原であった。拷問の合間に市中を引き回され、私学校生徒たちの囂々《ごうごう》たる非難・罵声を浴びたという。

重要なのは「西郷暗殺」に関する供述であるが、中原は、「私学校を瓦解させ、動揺の機に応じて西郷を暗殺し」という口供書は「痛みし手を手取り、無理に親指に墨を点《さ》して強いて押させ」たもので全く身に覚えのないことで、口供書を中原の前で読み上げて確認することもなかったと述べている（『鹿児島百年』）。

私学校派の弾圧は「逆徒」とみなされた者たちの家族にも及んだ。帰省組警官高崎親章《たかさきちかあき》の父親広《ちかひろ》は、地域の役員たちに家に踏み込まれ、首をはねられたという。東京の息子に情報を流し、私学校の分裂を画策したという理由であった。また、伊丹親恒の場合、妻が私学校党出身であったため、妻の両親は妻を強引に実家に呼び戻した。しかし、伊丹の家には生後一〇カ月の乳飲み子がいた。終日飢えに泣き乳を求める姿を不憫に思い、伊丹の両親は乳母を探したが、「官軍方なる者の家に入るは薪を抱いて火に入るより危険なり」と誰も引き受けてくれなかった。乳飲み子は痩せ衰えて骨と皮だけの凄惨な姿になったという。

このような反私学校派への弾圧の中で、前述したような川路の一族への仕打ちも行われたのである。

『鹿児島百年』には次のような記述がある。

戦いが始まり、薩軍の戦況が悪化してゆくにつれ、薩軍の官軍家族に対する迫害はいよいよ激しくなり彼らは家を追われて諸郷をさまようのである。

「私怨」による戦争

西南戦争が政権転覆につながる革命のような大規模な反乱にならなかったのは、この戦争の目的にあるといわれている。

私学校派のほとんどの者たちは、西郷が征韓論争で下野して以来、武士の特権を奪う様々な施策を行う大久保政権に対する異議申し立て、もっと言うと大久保政権の転覆を図る意図はあったはずであるが、そのような「大義」は公式には示されていない。よく熊本の民権家たちが西南戦争に参加したことで「反乱の裾野の広がり」を強調する向きがあるが、これは熊本の民権家たちが「まずは独裁政権を倒してそれから民権の世を目指す」という戦略からそうしたまでである。戦争の「大義」はあくまで西郷暗殺計画を「尋問する」という個人的事情、「私怨」にもとづくものであった。

このことが、全国の不平士族や民衆を巻き込んだ全国的な内乱・戦争へとつながらなかった最大の理由であると指摘する識者は多い。

戦略なき戦い

本書は、西郷軍や政府軍の細かい戦術、戦略を述べようとするものではない。このことについてはすでに多くの先行研究があるのでそちらを参照していただきたい。

ただ、多くの研究者は西郷軍の進軍戦略に首を傾げている。政府軍は西郷軍が取るかもしれない三つの作戦を想定し、そうなった際の戦略を練っていた。一つは、海路を使って大阪・京都方面を目指すということ。一つは、九州を複数方面から北上するということ。そして、もう一つは、鹿児島に立てこもって全国の不平士族が呼応するのを待つということ。西郷軍はいずれの策も取らず、熊本城攻略に固執した。

そのおかげで、大量の兵士を送り込んだ後の鹿児島はもぬけの殻となり、すぐに鹿児島の事情に詳しい旧薩摩藩士の黒田清隆を中心とする政府軍に奪取された。その際、島津久光・忠義を政府に繋ぎとめる工作も行われた。当時の島津家には当時でも、政府軍でも西郷軍でもない島津家のみに忠誠を尽くす五〇〇〇人の兵を動かす力があったとされる。士族解体を進める大久保政権に批判的であった久光であったが、西郷軍に協力する意思を示すことはなく中立的立場を貫いた。久光が動かないことは物量的にも精神的にも戦局に大きな影響を与えた。政府軍は備蓄された武器・弾薬を焼き払った後、西郷軍に協力した県令大山綱良を海路にて長崎に連行した。大山は反乱軍である西郷軍に便宜を図り、資金援助をした罪で長崎にて斬首される。鹿児島を奪取され、武器、弾薬、食糧の補給を断たれた西郷軍は、それらを「現地調達」するしか方法はなくなる。

西郷軍の中には、熊本城攻略に固執するという戦略に対しては異論があったというが、桐野利秋ら幹部は精神論を述べるばかりで耳を貸さなかったといわれている。

V

民衆の側からみた西南戦争

射界清掃

西郷軍が熊本に到着する前に政府軍は熊本の街を焼き払った。最初から籠城戦を覚悟した熊本鎮台にとって「城の近くに人家があると邪魔になる」ということである。このことを「射界の清掃」と呼んでいる。攻撃する敵の姿を鮮明にするという意味である。熊本市民は事前に予告され、あわてて家財道具を積み込んで逃げたという。

この後、熊本城の天守閣も焼け落ちている。「失火」説、「戦略」説いずれもあるが真相は定かではない。

この例を出すまでもなく、鹿児島を出発した西郷軍の行く先々において、九州各地の庶民は甚大な被害を受けることになる。

この西南戦争における民衆の犠牲については猪飼隆明（近代史家・大阪大学名誉教授）と猪飼の熊本大学時代の教え子である長野浩典（大分県高校教諭）の研究に詳しく紹介されている。その民衆の犠牲について長野は次のように述べている。

一般住民は、この戦争でどのような被害を被ったのか。薩軍も官軍も、戦場となった街や村の家屋を、戦闘を有利にするために焼き払った。また、色々な理由で殺害されたり、拷問されたり、暴行されたり、物資を掠奪された。これは、一般に薩軍によるものである。

しかし、戦場での砲撃や官軍による艦砲射撃による被害も大きい。戦場とその周辺では、農業ほか通常の生業ができなくなり、病院や学校も被害を受けた。民衆の側からみれば、薩軍も官軍も同じように加害者であった。特に薩軍は民衆にとって脅威となったが、薩軍内部に目をやれば、強制的に兵士や人夫として動員されて犠牲になったものも多い。（長野浩典『西南戦争民衆の記〈大義と破壊〉』弦書房、二〇一八年、以下長野『西南戦争民衆の記』）

焼き払い

街や村を焼き払ったのは熊本城下だけではない。また、焼き払うのは政府軍だけでなく西郷軍も同じである。戦いを有利にするために、敵が隠れる場所をなくすために焼き払うのである。兵が動けばそこは焼き払われるのである。筆者の世代は、ベトナム戦争において「ベトコンの根拠地」とされた村が焼き払われ、住民が逃げ惑う映像を記憶しているが、あの情景と大差はないであろう。

従軍した政府軍兵士の日記には次のように書かれている。

薩軍は、撤退時に必ずといって良いほど滞在した町や村に火を掛けて立ち去る。そのため住民は、可能な限り家財を運び出して、山中に逃げる。山中では穴を掘り、戸板やネコブク（筆者註—藁で織られた敷物）で雨露をしのぐ。

（川口武定『従征日記』青潮社、一八七八年初版、一九八八年復刻）

てある。

大分県竹田では報国隊が結成され西郷軍に加わった。隊員の日記には次のように書かれてある。

所々に放火、市中の人々は思い思いにたちのき、その後市中の兵は残らず引き揚げた。続いて敵兵（官軍）が入り込み、放火した。よって、市中の老若の輩は度を失い逃げ惑う、あわれなること限りなし（長野『西南戦争民衆の記』）

住民殺害と捕虜殺害

長野『西南戦争民衆の記』によると、住民殺害の多くは西郷軍兵士によるものだという。区戸長など村役人が西郷軍の要求に応じなかったり、住民が探偵となり西郷軍に捕らえられたりした場合、処刑されることがあった。なかには探偵と誤認されて殺害された例もあるという。特に戦争後半になるとそのようなケースが増えていったという。そのことについて長野は次のように書いている。

追い詰められつつある薩摩兵たちは、精神的にも肉体的にも疲労し、しだいに理性も薄れていった。また薩摩兵たちが、戦場の村を支配する術は、金銭と恐怖であった。そして戦争の後半、払う金をもたない薩摩兵たちが村落を支配する手段は、もはや恐怖しかなかった。

西郷軍による政府軍捕虜の殺害もあった。捕虜の殺害が国際法上禁止されていることは政府軍も西郷軍もわかっていたはずである。一八六四年赤十字国際委員会が「戦争時の捕虜に対する扱いを人道的にする必要がある」として赤十字条約（通称ジュネーブ条約）が結ばれている（筆者註―日本が正式に赤十字に加入するのは一八八六年）。帰郷するまでは軍や近衛兵に所属していた西郷軍兵士にも、洋行帰りの村田新八らも当然理解していたものと思われる。したがって、西郷軍にも「捕虜を殺害してはならない」という軍律はあった。ただ、末端の兵士たちにどれだけ理解され実行されていたかは不明である。

政府軍兵士の目撃によると、西郷軍が撤退した後に残された政府軍捕虜の遺体は体がバラバラに切断されて木に縛り付けてあったという。西郷軍幹部もこれを憂慮し、「戦場で敵を殺すのはやむをえないが、投降した捕虜を殺害するのは『不仁ノ至リ、不義の極』である。私的に捕虜を斬殺するのは、軍律違反である。捕虜は必ず本営（延岡）に護送せよ」との軍令を出している（玉東町史編集委員会編『玉東町史　西南戦争編　資料編』一九九四年）。

略奪と「西郷札」

前述したように、鹿児島が政府軍の支配下に置かれ、武器・弾薬と食糧の補給が断たれた段階で、西郷軍の「現地調達」が始まる。政府軍が潤沢な資金で支払いを行うのに対して、西郷軍は掠奪を繰り返していた。竹田（大分県）では銀行を襲い、預金九〇〇〇円を掠奪、久住《くじゅう》（大分県）では二〇〇石の米と馬五〇頭を徴発し、代金を支払うことはなかった。

宮崎地方では徴発のために軍票が使われた。松本清張の小説のタイトルにもなったいわゆる「西郷札」である。一〇円札をはじめ六種類の札が九万三〇〇〇枚、総額一四万二五〇〇円が発行された。現在の金額で二四億円に相当するという。

戦争の終盤に宮崎県延岡に西郷軍の本営が置かれていたために、延岡周辺に多くの軍票が使用されたようである。戦争後に住民たちは軍票と太政官札の交換を県に申し入れたが、当然その願いは却下された。信用のない紙幣を無理矢理押しつけられ、多くの物資を調達させられた住民にすれば、軍票による被害は掠奪と同じことであった。

募兵の悲劇

鹿児島を最初に出発した西郷軍のことを「一番立ち」と呼ぶ。最も血気盛んな兵士たちであった。その時点では武器・弾薬も十分に装備されていた。しかし、戦局が悪化していくと兵士の数が足りなくなってきて強制的な募兵が始まることになる。桂久武（元薩摩藩家老、西南戦争時は二番大隊大小荷駄）や辺見十郎太（元近衛陸軍大尉、西南戦争時は三番大隊一番小隊長）は鹿児島に帰り、募兵にあたるが、蛮勇をもって知られる辺見の募兵は容赦がなかった。辺見はかつて区長を努めていた蒲生郷《かもうごう》（現・鹿児島県始良《あいら》市蒲生町）に対し一五歳から六〇歳までの男子を強制出陣させたという。蒲生の郷士は次のように書き残している。

従軍を拒む者に暴威を以て迫り、もし応じなければ斬殺し、妻子にも危害を加えると脅迫したので、ほとんどの郷士たちはその威力に屈していやいやながら出陣した。

（渡辺正「ほたる橋―ある蒲生郷士の西南戦争―」『敬天愛人』一七号、一九九九年）

賊将（辺見）らは、新兵を頻《しき》りに募集し、若《も》し応ぜざる者は斬殺し、応ずる者は直ちに隊伍を組み堂々として戦場へ向かわしむ。尚、当時八幡神社境内に留置場を建築して、之に戦地先より脱兵して追々逃げ帰る者の親兄弟を捕縛して監獄に留置し、是等の看守は戸長役場より厳密なる取り締まりを成して居れり

（瀬之口誠「一代記録」『敬天愛人』一七号）

その強制募兵の最中に奄美から黒糖の自由売買を求めて獄中にいた請願団が兵に加わることになるのである（六八ページ参照）。

この時、戦場に向かった兵たちをひとくくりに「二番立ち」と呼んでいる。

募兵は鹿児島だけでなく、戦場とその周辺の土地でも行われた。旧士族の多い鹿児島とは違って九州各地では農民たちも数多く兵士にさせられた。強制的な募兵に対し、資金を出して兵役を免れようとした者もいたが、西郷軍はそれを一切許さなかった。敗色濃厚な絶望的な状況のなか、農民兵士たちは、火縄銃を持たされ、最新式のスナイドル銃を持つ政府軍と戦わされたのである。

強制的な募兵で西郷軍に従軍した兵士たちはいったい何のために戦ったのであろうか。命を落とした兵士たちは、どのような思いで死んでいったのであろうか。

西郷はずっと「死に場所」を探していたといわれている。斉彬の死後、月照との入水、朝鮮への使節を覚悟したそれぞれの時に「死」を覚悟していたものと思われる。西南戦争においては常に周囲に護衛がいて西郷自身が積極的に陣頭指揮をとった戦闘は少ないとされている。おそらく、戦争途中から死期を悟っていたものと思われる。

しかし、西郷や私学校派の「私怨」で始まったこの西南戦争に巻き込まれて、無念の思いで死んでいった者たちのことを思うと、西郷の「神格化」も「美化」も許されない気がしてならない。

戦後の鹿児島の荒廃

島津斉彬が進めた集成館事業の根拠地である磯《いそ》地区は幕末から明治初期にかけて日本有数の工業地帯であったといわれている。そこを中心に作られる武器・弾薬があるからこそ西郷軍は戦争に踏み切ったとも考えられる。しかし、西南戦争は磯地区の工業地帯に壊滅的打撃を与えた。政府軍は、磯地区だけでなく滝之上火薬製造所を爆破炎上させ、谷山の作硝局も焼き払った。

当然、鹿児島城下は戦争により焦土と化した。鹿児島市内だけでも焼失した民家は九七八〇戸に及んだが、谷山で約千戸、加治木で五百戸、隈之城、出水でも二百戸が焼失したという。もちろん前述したように被害にあった民家は鹿児島県以外の多くの町や村にも及んだ。『鹿児島百年』には当時の混乱の様子が収録されているので、いくつか紹介する。

鹿児島五六ヶ町の三分の一は兵火にかかり、ことに繁華商店街なるぼさど通り、いづろ通りは灰燼に帰し、また残る家も城山ふきんや武岡一帯の戦闘区域は家を破壊されてほとんど用をなさず、戦いやんでもだれが放火するのか原因不明の火災随所に起こり、また至るところに死体るいるいとして重なり……薩軍兵士の逃れて生還せしものは、従軍せざる者どもより敗軍の責を問われ、また従軍せる者は在郷の従軍せざる者に、戦にも行き得ない臆病者、骨無し駄羅漢が議ばっかい言うなと互いに相争う……（山本英輔大将の母）

今も残る西南戦争の弾痕（鹿児島県歴史資料センター黎明館）

戦争は、人間関係にも大きな溝を作ったことがわかる。

また、鹿児島の地に入った政府関係者には冷たい視線が注がれてもいる。

「東京人と聞いただけで白眼をむく」という状況の中、彼らをなるべく刺激すまいと、巡査一同涙ぐましい努力をしている。

この程より巡査は全く銃剣を廃し、何事ありとも懇々説諭するようにすれど、夜中往来にて役人とさえ見ればなおさら無法無体をする者絶えずあり。

（『朝野新聞』一八七八年五月一日）

鹿児島市民の政府や官軍に対する反発・抵抗は相当なものであったようである。

敗戦後、旧城下士は一気に窮乏化した。比較的被害の少なかった地方郷士と違い、もともと土地が十分でなくその土地の多くも戦火で焼失したのであるからその混乱は想像を絶するものがあった。また、県政が私学校派に牛耳られている頃は城下士たちにとって「ぬるま湯」県政で厚遇されていたため、戦前・戦後の生活の落差はきわめて大きかった。また、多くの人材を失った鹿児島県であるが、家長を失った遺族はまさに塗炭の苦しみを味わった。

戊辰戦争最大の活躍をしたとされる薩摩藩であるが、この西南戦争によってほとんどすべてを失ってしまったのである。

戦後も変わらなかった西郷の人気

反乱軍の首謀者ではあっても、戦後、西郷の人気はうなぎ登りであった。西郷や桐野、村田、別府、辺見ら幹部の遺体が葬られた浄光明寺（現在の南洲神社）には連日参拝客が絶えなかったという。西郷の「書」も大人気でその価格は暴騰したという。

西南戦争後の鹿児島は表向きは中央政府への従属化が急速に進んだ。しかし、荒廃した県内の状況の回復は遅遅として進まなかった。「多くの人材を失ったこと」「県内各地が焦土と化したこと」「当時最先端の工業地域（磯地区）を失ったこと」による西南戦争の後遺症は相当に大きく、県民所得は常に低位から抜け出せず、現在もまだ「引きずっている」とみる識者も多い。

精神的にもその後遺症は大きく、郷士を同じくする者が西郷軍、政府軍と敵味方に分かれて戦った経験は後々まで禍根を残した。また、従軍に際して露わになった城下士と郷士、郷における従軍組と非従軍組の対立、戦争時の政府軍への対応をめぐる遺恨など、西南戦争がもたらした「亀裂」は数知れない。

しかし、その「怨恨」が西南戦争の首謀者西郷に向かっていくことはなかった。表向きほとんど鹿児島県をあげて西郷軍を応援したせいで、その「怨恨」の行く先は大久保や川路など政権内にいる同郷の人物たちに向けられた。その大久保も一八七八年、紀尾井坂で暗殺される。不平士族島田一郎ら一行による仕業であるが、西南戦争や西郷の死がなければその早すぎる死はなかったことであろう。

西郷隆盛像（鹿児島市城山町 4-36）

一八八九年大日本帝国憲法発布の際に、西郷は恩赦を受け、公式に復権することになる。鹿児島における西郷神格化も本格化するが、前述したように西南戦争がもたらした「亀裂」がある中では必ずしも復権は順調ではなかったものと思われる。

鹿児島に西郷の銅像が造られるのは、西郷没後六〇年の一九三七年のことであった。日中全面戦争が始まった年でもあるが、そのような時局も影響してか、鹿児島の銅像は上野の時に反対にあった軍服姿であった。しかも、陸軍大将としての正装であった。

鹿児島出身の建築家安藤照《てる》の作品であるが、上野の銅像が「上野の西郷さん」と呼ばれるほど庶民的な姿であるのに対し、鹿児島のものは威風堂々とした武人としての西郷の姿であった。

なお、銅像の台石には鹿児島市河頭《こがしら》の石と大隅半島の根占《ねじめ》海岸の辺田《へた》石が使われている。根占は、西郷が私学校派による武器・弾薬襲撃事件の報告を受けた地である。この土地の石を使うところに鹿児島の人間たちの意地がこめられているように思える。

VI

「西郷隆盛」を子どもにどう教えるか

「修身」から「道徳」へ

二〇一八年から使用される小学校の道徳の教科書に西郷が登場している。教育出版の小学校三年生と小学校六年生の道徳の教科書の中で「偉人」として扱われている。テーマ(徳目)は小学校三年生が「世の中のために」で、小学校六年生の道徳の教科書の中で「日本を守るために」である。

小学校三年生の教科書記述には次のような記述がある。

隆盛は、「これからは、もっと心をきたえ、ぶげいではなく学問の道で世の中のため人のために役立つ人間になろう。」と強く心に決めたのです。

西郷は、典型的な武人であり、西南戦争で武力による反乱を起こした首謀者である。そのことについて歴史学者の佐々木克は次のように述べている。

西郷は国家の危難がせまった時、国家の大改革が必要となった時は「出る」と平生述べていた。従って軽挙はしない。西郷が「出る場」はどこか。それは政治の場ではなく、「武」を要する大改革の場である。そして、西郷の役割は、政治家としてではなく、武士としてのそれであった。戊辰戦争の西郷、鹿児島藩兵を率いて上京した廃藩置県の西郷、征韓論の西郷を振り返れば、そのことは自ずから明らかである。武威を背景としての行動なのであり、武のリーダーを自認しての行動なのであった。

さて、明治一〇年の時点における日本が、はたして「国家遭難」の危にあったか否か、その点に関してはここでは問わない。しかし西郷自身は、自分が「出る」時と判断した。たとえ当時の鹿児島の状況や私学校徒の動きによって、動かざるを得ない状況に追い込まれた、と弁解したとしても、ともかく決断して行動に移ったのである。率兵上京。まさしく武の行動であった。

（佐々木克「西南戦争における西郷隆盛と士族」『人文学報』六八、一九九一年）

どう考えても西郷は「武」の人物であった。

小学校六年生の道徳の教科書（教育出版）では、勝海舟との「江戸城無血開城」の会談

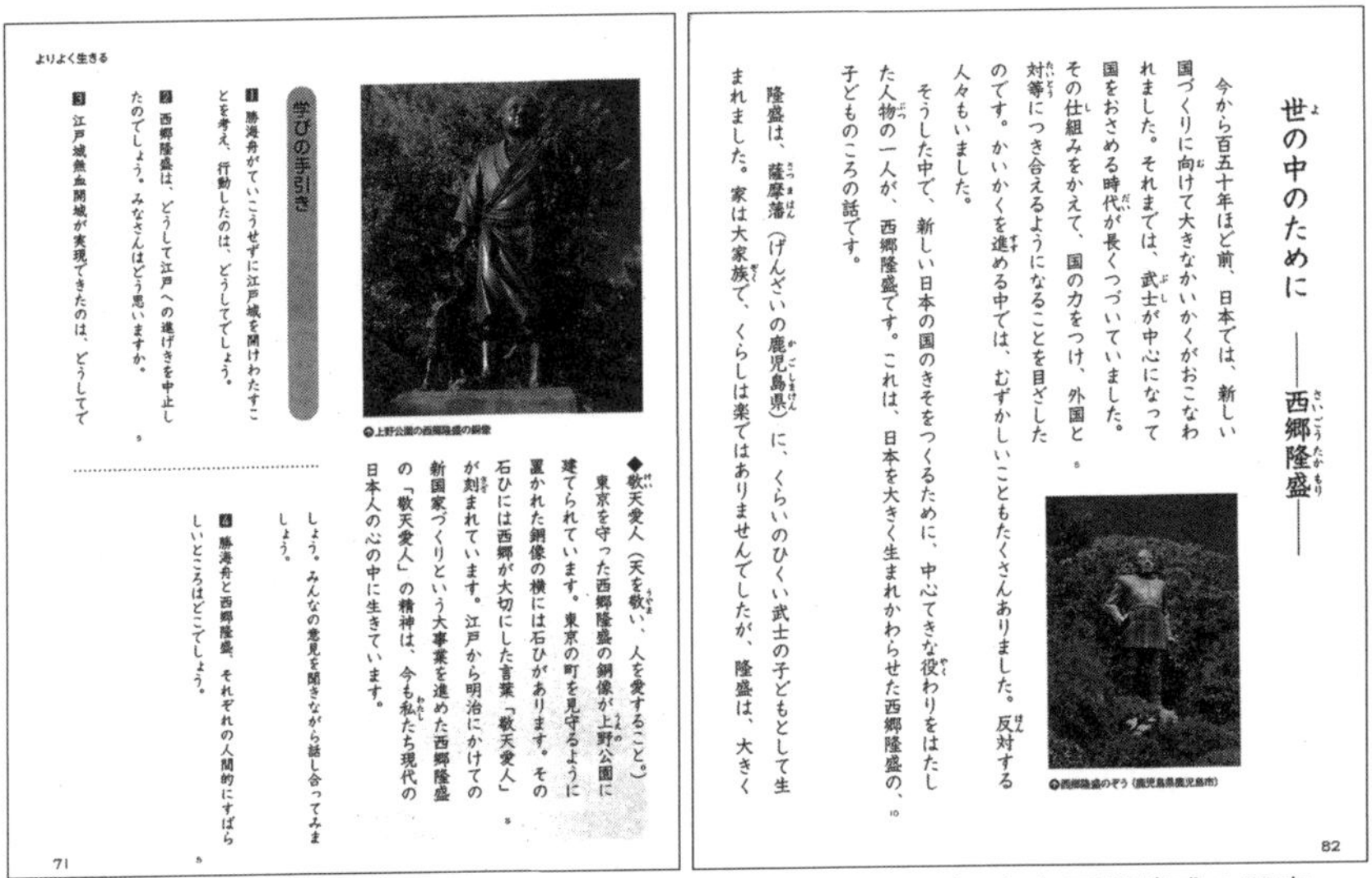

世《よ》の中のために　――西郷隆盛《さいごうたかもり》――

今から百五十年ほど前、日本では、新しい国づくりに向《む》けて大きなかいかくがおこなわれました。それまでは、武士《ぶし》が中心になって国をおさめる時代《だい》が長くつづいていました。その仕《し》組みをかえて、国の力をつけ、外国と対等《たいとう》につき合えるようになることを目ざしたのです。かいかくを進《すす》める中では、むずかしいこともたくさんありました。反《はん》対する人々もいました。

そうした中で、新しい日本の国のきそをつくるために、中心てきな役《やく》わりをはたした人物《ぶつ》の一人が、西郷隆盛です。これは、日本を大きく生まれかわらせた西郷隆盛の、子どものころの話です。

隆盛は、薩摩藩《さつまはん》（げんざいの鹿児島県《かごしまけん》）に、くらいのひくい武士の子どもとして生まれました。家は大家族《ぞく》で、くらしは楽ではありませんでしたが、隆盛は、大きく

西郷隆盛のぞう（鹿児島県鹿児島市）

82

よりよく生きる

上野公園の西郷隆盛の銅像

◆敬《けい》天愛人（天を敬《うやま》い、人を愛すること。）

東京を守った西郷隆盛の銅像が上野《うえの》公園に建てられています。東京の町を見守るように置かれた銅像の横には石ひがあります。その石ひには西郷が大切にした言葉「敬天愛人」が刻《きざ》まれています。江戸から明治にかけての新国家づくりという大事業を進めた西郷隆盛の「敬天愛人」の精神は、今も私《わたし》たち現代の日本人の心の中に生きています。

学びの手引き

1 勝海舟がていこうせずに江戸城を開けわたすことを考え、行動したのは、どうしてでしょう。

2 西郷隆盛は、どうして江戸への進げきを中止したのでしょう。みなさんはどう思いますか。

3 江戸城無血開城が実現できたのは、どうしてでしょう。みんなの意見を聞きながら話し合ってみましょう。

4 勝海舟と西郷隆盛、それぞれの人間的にすばらしいところはどこでしょう。

71

『小学どうとく　3』（右）と『小学道徳　6』に取り上げられた西郷隆盛の記事（ともに教育出版）

を扱っている。編集趣意書には次のように書かれている。

日本を守るために無益な戦いを避けた江戸城無血開城を題材に、反対意見の中で勇気を持って信念を通した先人に学ぶことができるようにしました。

勝と共に江戸城無血開城を実現し「無益な戦いを避けた」西郷は、日本、朝鮮双方に大きな犠牲を強いるであろう征韓論を唱え、西南戦争では実際に多くの人命を犠牲にした。「無益な戦いを避け」ようとした人物とは到底言いがたい。

歴史上の人物を一時代の一場面で切り取っ

て「偉人」として扱うことの「危うさ」が端的に表れている。道徳教育の持つ危うさがここにある。

実は、西郷は戦前の修身の教科書にも登場する。

一九三四年から四一年まで使用された「第四期尋常小学修身書巻五」において「人間の度量」という徳目で、福井藩士の橋本左内との出会いを扱っている。最初、左内に会った西郷は「これではさほどの人物ではあるまい、とみくびって」適当にあしらおうとする。しかし、左内の考えを聞いてから反省する。「橋本はまだ年は若いが、意見は実に立派なものだ。見かけがあまりやさしいので、はじめ相手にしなかったのは、自分の大きなあやまちであった」と述べる。

一読してみると、最初軽蔑を受けながらも自説を述べる橋本左内の方が「度量のある人物」と思えるが、修身の教科書の主役はあくまで西郷なのである。

勝や坂本龍馬をはじめ、西郷を「器の大きい人物」と見る歴史上の人物は多い。しかし、戊辰戦争以後同時代に生きた西郷をよく知る人物たちにはそうでない西郷の姿を指摘する声もある。前述した歴史学者、重野安繹の「西郷という人は一体度量のある人物ではない。人は豪傑肌であるけれども度量が大きいとはいえず、いわば偏狭である。それで西南の役などが起こるのである。世間の人は大変度量の広い人のように思っているが、それは皮相の見解で、敵をもつ性質でとうとうこれが為に自分も倒れるに至った」という発言はその代表的なものである。大隈重信も大正年間に「世人の多くは西郷を目して英傑と称し、豪雄と称すれど、余は不幸にして未だ其の英傑と称し豪雄と称する所以を知るに及ばず」と述べている。

特に理論派と思える人物たちの西郷評は厳しいものがある。勝海舟や内村鑑三あるいは「西郷南洲遺訓」とはまた違った西郷評があったことをここでは指摘しておきたい。

戦前の歴史教科書における西郷

戦前における小学校の歴史教科書で西郷がどのように扱われているかについては萩原和孝の研究（萩原和孝「初等教育における郷土教育実践の地域的展開―一八八〇年代から一九四五年まで―」、以下萩原論文）がある。それによると、第一期（一九〇四年発行）の国定歴史教科書では「隆盛は（中略）その徒をひきいてそむき」と西郷の主体性が押し出された表現であったが、第二期（一九一〇年発行）から第四期（一九三三年発行）になると、私学校の青年たちが「隆盛を擁して」（第二期）兵を挙げたために、西郷が「意を決して」（第四期）兵を率いたという記述に変化している。つまり、西郷は私学校の青年たちが決起したのでやむを得ず兵を率いたということである。

さらに第五期（一九四一年発行）・第六期（一九四三年発行）になると「青年達が（中略）隆盛をおし立てて、兵を挙げました」という記述となり、西郷が「兵を率いた」という記述はなく、西南戦争における西郷の主体性はすっかり消えてしまっている。

萩原によると、戦前の国定教科書では「西郷を楠木正成のように特別に英雄視するようなことはしておらず、また足利尊氏のように天皇に反旗を翻した人物として、その評価を極端に下げることもしていない。これは西郷が『賊軍』を率いた人物ではあっても、大政奉還や新政府樹立に貢献したことや、明治天皇の特旨により賊名を除かれ正三位を追贈されていることもあって、明快な『賊』もしくは『忠君』の人物として安易な政治的評価を下すことが困難であったためだと思われる」と述べている（萩原論文）。

鹿児島の教育における西郷

戦前の小学校の歴史の教科書や修身の教科書に西郷が登場しているが、地元鹿児島でももちろん西郷は「偉人」として教材化されている。ここでは、萩原論文からその実態に迫ることとする。

鹿児島では、西郷の命日である九月二四日を「西郷南洲翁記念日」としていた。鹿児島尋常高等小学校の研究冊子として発行された『郷土に立つ年中行事の教育』(一九三三年)にその記念日の趣旨が次のように述べられている。長くなるが、鹿児島の教育者が西郷をどう見ていたかがわかる文章なので紹介する。

国家を懐《おも》う誠忠は、遂に容れられず、私学校を建てて人材養成に志し、将来大いに為すあらんとしたるも、軽挙の士に過《あやま》られて、遂に西南の役となり、果ては故山《こざん》に帰り、城山に於て悲惨の最后《さいご》を遂げられた日です。西郷南洲翁は、我が郷土が産んだ維新当時の一大英雄でありました。身微賤《びせん》より起こり藩主斉彬公より、その偉材を発見せられ、武家政治の永き因襲《いんしゅう》によって作られた盤根錯節《ばんこんさくせつ》を摧《くだ》き、其の身は艱難苦《かんなんく》楚《そ》を嘗《な》め、三度大島に流されて尚《なお》屈する所なく、身を挺《てい》して王政復古の大任に当った明治維新勲功の第一人者です。郷土の子弟をして、其の先輩偉人の俤《おもかげ》を忍ばせ、その後を慕ふて、奮起せしむる為に、模範修養日として採択したのです。

この文章はその後も続き、全部で七二頁にわたって記載されている。ただ、西南戦争についてはここにある「軽挙の士に過られて、遂に西南の役となり、果ては故山に帰り、城山に於て悲惨の最后を遂げられた」の四行のみとなっている。

また、「賊軍を率いた西郷」は極力表に出さず、「明治維新の功労者」の側面が強調されている。

「西郷南洲翁記念日」に実施される行事は多岐にわたっていた。学校では「南洲翁講話」「南洲翁遺訓講話」「南洲神社参拝」「南洲翁に関する各教科」「吟詠会」「南洲翁作の詩」「琵琶歌城山」「健児団訓練」が、家庭では「先生（西郷）の額又は肖像画を描く」「先生（西郷）の掛軸をかける」「南洲翁遺訓を読む」「南洲翁の遺墨及翁に関する図書写真帖等をみる」「子供又家庭と南洲神社参拝城山登りをする」「城山のレコード、南洲翁の詩のレコードをかけて翁をしのぶ」「遺跡巡回、臨地講演」が実践項目として紹介されている。

戦前の郷土史教育の中における西郷の扱いについて萩原は、「歴史的事実そのものや、その偉人の取った行動の歴史的意義が追究されるのではなく、軍国主義的価値観のもと、

『愛国』『忠孝』などの精神性が強調された」と述べている（萩原論文）。

大戦末期の一九四四年に鹿児島県から『鹿児島縣郷土史読本』が出されている。この中でいわゆる征韓論については、「大陸に共存同栄の道を樹《た》て、アジアを興《おこ》すことが大切であると考えた」うえに「その百年の将来を見通した大東亜経綸に至っては、高邁非凡の達見何人も及ばざる所であって、今日大東亜戦争に直面してその先見」を讃えている。

征韓論と大東亜共栄圏の思想を結びつけているところにその特色がある。

日清戦争については、「西郷隆盛が征韓論を唱えて大陸進出を説いてから二十年、わが國は、はたして大國清と戦を交えることになりました」とあり、日清戦争を征韓論から説き明かすところは小学歴史の教科書に準じた扱いとなっている。

「神格化」の時期

西郷の「神格化」はいくつかの時期に分かれている。

西南戦争前後から西郷の「神格化」はすでに始まっている。「私怨」で始まった西南戦争であるが、大久保独裁政権に不満を持つ旧士族や改革に不満を持つ民衆にとっては、西郷は「期待の星」と思えたし、悲劇的な最期は源義経に通じる「判官贔屓」につながった。

一八七七年、戦争最中に最接近した火星に陸軍大将の姿をした西郷が見えたという「西郷星」騒動にも当時の民衆の気持ちがよく現れている。

一八九一年にロシアの皇太子ニコライが来日した時も、城山で死なずにロシアに渡った西郷が皇太子とともに来日するという噂が飛び交った。

「お上に弓を引いた」国賊であるがゆえに、逆に英雄視され神格化されていったと言える。

西郷が公式に復権を遂げたのは一八八九年である。大日本帝国憲法発布にともなう恩赦であった。戊辰戦争で朝敵となった多くの関係者の罪がこの時許されたが、西郷は朝敵の汚名を除かれるとともに正三位が追贈された。

そのことは戦前の国定の歴史教科書のすべてに次のように紹介されている。

明治二二年、憲法発布の日、天皇、隆盛の勲功をおぼしめし、特に賊名を除きて、正三位を贈りたまえり。（第一期『小学歴史二』一九〇三年）

すべての教科書に賊軍を率いた西郷に対する天皇の寛大な処置が強調される記述となっ

ている。

西郷復権の経過に直接関わったかは明らかではないが、明治天皇はもともとは西郷贔屓であったといわれている。維新初期に近衛都督として天皇の側にいた西郷は宮中改革にも着手した。女官に囲まれて生活していた天皇を女官から引き離すとともに周囲に武官を配置し、大元帥としての「武威」を身につけさせた。明治天皇はそれを受け容れ、西郷に親近感を持ったようである。西南戦争の時も、女官たちが西郷の噂をすることを禁じたというほど、西郷を気にかけていた。

主君島津斉彬がそうであったように西郷も尊皇思想の持ち主であった。そのことは復権には好都合であったであろう。

この時期の復権は、単に大日本帝国憲法発布による恩赦というよりは、大日本帝国憲法と教育勅語におけるいわゆる「明治憲法体制」の確立にともなう「国民統合」策と考えて良いのではないだろうか。つまり、戊辰戦争や西南戦争により国賊とされた者たちを明治憲法体制に取り込んでいくための策であったということである。歴史的に見ると、その後の大陸侵略政策のための足固めとも言えなくもない。

そういう意味で、征韓論による大陸膨張論者と位置づけられ、尊皇思想の持ち主である西郷は大いに利用価値があったと考えられる。

西南戦争後、死して反体制側の英雄となった西郷は、ついに体制側の英雄となり、さらなる神格化が進むのである。

その神話化に大きな役割を果たしたものに勝海舟の『氷川清話』（講談社学術文庫、二〇〇〇年）と旧庄内藩関係者がまとめた『南洲翁遺訓』（猪飼隆明訳、角川ソフィア文庫、二〇一七年）の刊行がある。海舟の独特の言い回しによる西郷の豪傑談は相当なる影響力を持ったといわれ、「遺訓」にちりばめられた名言や清廉潔白さを伝えるエピソードは西郷の神格化に圧倒的な影響をもたらしたと言ってよい。

家近『西郷隆盛』によれば、この時期「西郷を国民的英雄に祭り上げる過程で、薩長同盟史観が国民の頭に擦り込まれていくことになる」という。「薩摩と長州の両藩が藩の軍事力を行使して、江戸幕府に対し英雄的な戦いを展開した結果が、近代天皇制の成立に繋がったとする見方」が定着するということである。

敗者を取り込みながら「勝者による歴史観」が作られていった時期に西郷は格好の素材となったのであろう。

上野の銅像が果たした役割

民衆の西郷人気を定着させたものに上野の西郷銅像がある。公式に復権した後、一八九八年に上野公園内に著名な彫刻家であった高村光雲の手になる西郷銅像が完成する。

もっとも、この西郷銅像建設にもひと悶着あったらしい。立地場所と銅像の服装にクレームが入ったのである。まず立地場所であるが、最初は宮城（皇居）の門外に予定されていたというが、華族らが「いちど朝敵となった者がそのような場所に」と反対したらしい。また、服装についても最初は軍服姿が提案されたが、やはり「弓を引いた朝敵」のイメージにつながるということで伊藤博文が反対したようだ。伊藤は大久保の

上野公園に立つ西郷隆盛像
（東京都台東区上野公園）

後継者であるため、西郷の「復権」には慎重であったのであろう。

着流し姿の西郷の姿は妻の糸は気に入らなかったようであるが、愛犬ツンを連れた庶民的な姿は「西郷さん」という呼称とともに東京の人々、上野公園を訪れた全国の多くの人々に愛着をもたれることとなった。

東京の市民にとって西郷は江戸無血開城に導いた「恩人」という評価が定まっていた。「勝者による歴史観」のひとつと見ることができるが、「英雄」「豪傑」というイメージに「庶民的」なイメージが加わることにより、西郷の「神格化」はより広範囲に進んでいくこととなる。

対外戦争に際して拍車がかかった西郷の「神格化」

日清戦争、日露戦争、第一次世界大戦、満州事変、日中戦争、アジア・太平洋戦争と「戦争の時代」を迎えると西郷はますます「神格化」されていくこととなった。

この時期の「神格化」は二つの方向に分類されるように思える。ひとつは「尊皇愛国の武人」、もうひとつは「平和的な仁政主義者」としてである。戦場で国を思いつつ死んだ西郷は内村鑑三により『代表的日本人』(岩波文庫、一九九五年)とされ、新渡戸稲造により『武士道』(PHP文庫、二〇〇五年)の体現者となった。新渡戸は、西郷を「典型的なる一人の武士」ととらえる。西郷の「文学の物識《ものしり》をば書物の蠹《むし》と呼ぶ」の言葉を引用し、「知識はこれを学ぶ者の心に同化せられ、その品性に現るる時においてのみ、真に知識となる」としてその考えを武士道とする。また「敬天愛人」の言葉を「キリスト教の教訓を想起するものと評価し、「ただに言葉に述べられたるに止まらず、現実の行為に具体化せられた」と西郷の生き方を高く評価する。

「南州翁遺訓」の中の西郷の七言絶句に次の言葉がある。

丈夫玉砕愧甎全(丈夫《じょうぶ》玉砕《ぎょくさい》して甎全《せんぜん》を恥《は》ず)

「真の男は潔く玉となって砕けることを本懐とする」という意味である。何度も死に直面し、死に場所を探していた西郷らしい言葉ととらえることができるが、この「玉砕」の言葉は「死して御国《みくに》の楯《たて》とならん」という「玉砕」の思想となり、まさに帝国軍人の思想に昇華したといえる。

一〇年前に特攻隊の生き残りの方にインタビューしたことがある。その方は、特攻作戦を計画した軍上層部には激しい憎悪の感情を明らかにし、昭和天皇の戦争指導をも批判した一方、「軍の中で西郷隆盛の悪口を言う人間はひとりもいなかった」とも言った。「玉砕」思想の究極の作戦が「特攻」であることを思い複雑な思いがしたものである。

この七言絶句には「児孫のために美田を買わず」の有名な言葉もあるが、歴史を考えるにあたってはこの「玉砕」を含んだ句の方がより大きな意味を持つように思える。

また、昭和に入り、いよいよ軍国主義の時代に入っていくと、逆に「平和的な仁政主義者」としての西郷像が広まっていくこととなる。当時の教科書には西郷と勝との「江戸城無血開城」の様子が繰り返し引用されている。「悪いことをして謝罪する慶喜を寛大にも赦す西郷」というイメージが小学生に植え付けられていく。

南洲神社に贈られた東京市民からの常夜燈にはそのような歴史的背景が存在するのである。

このように時局と合致した西郷のイメージが軍人や右翼あるいは広範な民衆に支持されたのは容易に想像されるが、昭和初期、マルクス主義を中心とする左翼思想が一定の力を持っていた時期においても西郷は学生たちに人気があった。当時学生であった評論家の扇谷《おうぎや》正造《しょうぞう》は次のようにふりかえっている。

子どものころから西郷隆盛は英雄だと思っていた。短い着物を着て愛犬を連れている銅像の絵葉書には、幼心にも親しみを感じてもいた。しかし、ハッキリ西郷は大人物と意識させられたのは昭和七年東大に入った時であった。……東大生に対する世論調査が行われたことがある。主催者はたぶん、新聞研究所で、五月祭の行事の一環ではなかったかと思う。その項目のひとつに、「わが崇拝する人物」というのがあった。そのトップが何と西郷隆盛だったのである。昭和七、八年といえば満州事変はすでに始まっていた。八年には京大滝川事件の刑法読本発禁事件に端を発して、全学的な京大事件が巻き起こされている。

今とちがって学内左翼の組織は完全に非合法化であったが、その中で、東大の左翼及び同調者は圧倒的に強かった。学内細胞と、それ以外の同調者シンパを入れたら七割ぐらいとみてよかったかもしれない。そういう進歩的学生の「尊敬する人物」がレーニンでもマルクスでもまたキリストでも日蓮でも、いわんや軍神東郷元帥や乃木将軍でもないところが、私にはおもしろかった。

(『別冊太陽西郷隆盛』平凡社、一九七三年)

左翼の学生に人気があった理由はいくつか考えられる。作られた「平和的な仁政主義者」に加えて「反体制派のカリスマ」であり、何より「農本主義者」のイメージがあったからだと考えられる。「貧しい者の味方」「大地に汗して働く姿」は左翼、右翼を問わず若者を強く惹きつけたのである。

西郷を道徳の教科書に

戦前の「修身」の教科書に登場していた西郷が、二〇一八年度の小学校「道徳の教科書」に登場することになったことはすでに紹介した。

この「修身」の教科書で扱われていた西郷を「ぜひ道徳の教科書に掲載して」という運動が展開されていたことをご存知であろうか。この運動を展開した団体は「西郷さん掲載の道徳検定教科書の採択をお願いする運動推進連合会」となっている。中心になっているのは鹿児島で活動する一般社団法人「薩摩士魂の会」である。島津家当主島津修久《のぶひさ》が名誉顧問を務める団体で、薩摩武士道を現代に伝えることを目的にしている。この団体が各県教育委員会と採択委員に出した要望書には西郷について次のように書かれている。

生涯比類無き苦難を乗り越え、克服して、日本の歴史の中で最も大きな改革と言われている明治維新を成し遂げ、世界的にも偉人伝として、最も愛読されているといわれる西郷隆盛の人間像の中に、青少年に対して道徳的な面で数多くの有益な逸話、示唆、素材があることに鑑み、是非とも小・中学校の道徳の教科書に西郷さんの人間像を掲載していただきたく、島津家当主島津修久以下約三〇〇〇名を擁します本連合会は、道徳の教科書関係の六〇名の編集者並びに一〇社に及ぶ出版社の皆様に、「道徳の教科書参考資料・敬天愛人」という資料を作成し、参考資料としてお願いしてきたところでございます。

実際に小学校の道徳の教科書で扱われることになったわけであるから、この運動が功を奏したと言ってよいであろう。

西郷隆盛の人間像の中に数多くの有益な逸話、示唆、素材があり、その一場面を道徳の授業の中で吟味・検討していくという方法は道徳という教科の特性上あっても良いであろう。

しかし、西郷は歴史上の人物である。これまで述べてきたように「歴史上において何を行い、何をもたらした人物であるか」を光と影の両方に目配りすることが重要である。そのうえで西郷を「偉人」とみるかどうかは、その人次第である。これまで時間をかけて神格化されてきたことを思うと、影の部分はほとんど伝わってはいないのではないだろうか。

九州各県の「西南戦争の授業」から

年に数回、九州各県の社会科の教師たちと実践交流をする場がある。「どんな授業をしたか」の提案に対し、何が成果で何が課題であるかを吟味・検討するのである。その場で、他県の教師が西南戦争で授業をするとする。教科書でひととおり通史的な内容をおさえた後に「この地域では」と具体的な事実経過が扱われることがある。「抽象から具体へ」学びを進めるためである。その時に、九州各県のほとんどは西南戦争による被害の実態が教材となる。当然である。突然、西郷軍が兵を挙げそれを政府軍が迎え討つことになり、自分たちの村が戦場になり、食糧や人夫が徴発されていった。それが現実である。

大分県の臼杵《うすき》市立西中学校の瀧口佳代教諭は、二〇一一年一一月の九州中学校社会科教育研究大会鹿児島大会の歴史的分野において「臼杵と西南戦争」という授業実践の研究発表を行っている。瀧口教諭は市内における激戦地を調査し、そこでどのような戦いが行われたかを確認する。次に「なぜ、鹿児島の士族たちは西南戦争を起こしたのか」を考える。特権の廃止、藩閥政治、徴兵令、征韓論、西郷隆盛下野などを要因に「政府に対する不満や反感」が根底にあったことを確認する。そして、「なぜ、臼杵の士族たちは、官軍側として西郷軍と戦ったのか」を討議し、発表する。

臼杵における戦いの様子を長野『西南戦争民衆の記』より引用する。

大分県の臼杵町（現・臼杵市）には、薩軍約一〇〇〇人が六月一日に侵入し、一〇日まで臼杵市街とその周辺を占拠した。臼杵士族の多くは官軍につき、警視隊とともに薩軍と戦った。しかし、臼杵隊には銃がわずか二〇〇挺しかなく、実戦の経験もほとんどなかった。それに対し薩軍は百戦錬磨であり、臼杵隊はあえなく敗退した。臼杵隊の戦死者は、四七人におよんだ。

臼杵市民の多くは、戦闘がはじまる前に近隣に避難し、対岸の愛媛県まで船で逃れた者も多かった。薩軍が占拠した市街地に市民がほとんど不在だった。薩軍は、ほしいままに掠奪をおこなった。掠奪は、「金穀物品」から、鶏、衣服とありとあらゆる物におよんだ。汚れた服装で臼杵に侵入した薩軍は、「わが臼杵に来りて掠奪を行い服装一新面目を改めた」という。さらには、この掠奪に便乗して富豪の家にはいり、金銀その他の物品を奪う「市民中の奸悪」者もいた。

瀧口教諭の加入する臼杵市社会科部会は「西南の役」という資料を作成している。臼杵市民および臼杵の社会科教師たちにとって西南戦争は忘れることのできない重大な歴史として語り継がれているという証拠でもある。

余談かもしれないが、臼杵は戦国時代には大友宗麟の居城があった場所である。当時の九州の大半は島津氏に占領・支配され、大友氏だけがその所領を守り続けた。そのような歴史意識が明治の臼杵士族になかったとは言えないだろう。

熊本県多良木《たらぎ》町立多良木中学校の田原泰章教諭は二〇〇二年一一月の九州中学校社会科教育研究大会熊本大会の歴史的分野において「西南戦争と人吉球磨《ひとよしくま》」という授業実践の研究発表を行った。西南戦争について調べた後、臼杵とは違い、「なぜ、人吉球磨の士族は西郷軍に参加したのだろうか」の問いを発し、生徒と討論を行う。

人吉球磨も激戦地である。西郷軍に従軍したのはいわゆる「二番立ち」といわれている後からの軍隊である。西郷軍の強い圧力があった中で、「自ら志願したもの」「目の前に断頭台をちらつかされやむなく従軍したもの」がいたことを確認しながら当時の故郷の士族の苦悩に迫ろうとする。

人吉の西南戦争における状況については、猪飼『西南戦争』から引用する。

（田原坂の敗北の後）軍議は、人吉を本拠と定め、薩摩・日向・大隅の三州に勢力を張って再挙することに決めたのである。

こうして、四月末には、薩軍も熊本隊も人吉に入った。三月初めに人吉隊を結成して薩軍に投じ、田原・吉次で戦い、また御船へと転戦した人吉の士族連も、隊長神瀬鹿三を失いながら、郷里に戻り、新たに隊伍を組んだ。

官軍は、新たに徴兵し、かつ北海道の屯田兵をも補充して、敗走あるいは再挙する薩軍に対処し、五月半ばごろから人吉をめざして進軍した。そして、五月二九日から激戦が始まった。薩軍は人吉城に拠り、橋を焼き、本丸から絶えず鉄砲を撃った。砲弾は市街各所に落ちた。また、薩軍が南町の民家に放った火は、南町一帯を烏有《うゆう》に帰し、藍田村にまで及んだ。五月三〇日、官軍は人吉に突入、六月一日には人吉を占領したが、「市街は殆ど焼失し、町民は遠く避難し、明滅した暗黒の人吉は、陰気夜雨に哭く廃墟の町に変わってしまった。

田原坂の戦いに敗れ、追い込まれた西郷軍は人吉を拠点に挽回を図ろうとするがすでに劣勢は否めなかった。そんな中、人吉の士族が西郷軍による強い圧力を受けたことは想像に難くない。そして、人吉で激戦が始まり、街は焼かれ、西郷軍は人吉を捨て宮崎方面に逃げる。

そういう歴史事実を背景に、田原教諭は追い込まれた状況における人吉・球磨の士族の苦悩に迫ろうとした。

宮崎県都城市の教育委員会は子どもたち向けに『みやこんじょを知ろう　都城の歴史と人物』という副読本を作成しているが、その中に「士族の不満爆発―西南戦争と都城」という項目を設けている。都城は宮崎県であるが、歴代の薩摩藩主であった島津家発祥の地であり鹿児島とは深いつながりがあった。西南戦争が始まった時は「一番立ち」で出陣した者もいたが、「島津家を守る」ことが優先され多くの士族は桜島に渡り島津家の護衛にあたった。「二番立ち」には多くが従軍し、合計約二三〇〇人が西郷軍として出兵した。死者は二五〇名といわれている。徴兵令により政府軍に参加した者もおり、同郷どうしの戦いとなった。

都城でもはげしい戦いとなり、副読本には「この戦争では多くの人が亡くなっただけでなく、牛や馬も失い、家屋は焼失し、道路や橋は破壊され、田畑も荒れはてて、その後の人々の生活は困窮した」と書かれてある。

西南戦争は九州各地で激しい戦闘による荒廃と夥しい民衆の犠牲を強いたのである。九州各地の社会科教師にとって「西南戦争の授業」とはそれを教材化することに他ならなかった。

鹿児島県育英財団の副読本から

それでは、鹿児島ではそういう教育実践が行われているか。残念ながら、これまで西南戦争を士族・民衆の被害の側面からとらえた授業実践を聞いたことがない。

一九七七年財団法人鹿児島育英財団が副読本『西郷隆盛』を刊行し、県内すべての小中学校に寄贈している。いわゆる「偉人伝」である。そこにおける西南戦争の記述は、西郷軍対政府軍の戦いを中心に描かれている。西郷軍の焼き討ちや略奪などの記述は一切ない。逆に「各地の住民に助けられた西郷軍」との記述があり、西郷軍が九州各地の住民の支持を得ていたかのように受け取ることができる。逆に、政府軍が鹿児島に上陸した際には「鹿児島のまちは、ほとんど焼けてしまいました」とあり、政府軍による加害行為を糾弾するかのようである。この副読本に従って授業をすれば、西南戦争における西郷は「悲劇の英雄」となる。実際に「悲劇の英雄」という項目があり、西南戦争と西郷について次のように書かれている。

西南戦争は、西郷の死でおわりましたが、西郷の死は、士族たちから（自分たちの生活をまもるために、命までなげだしてくれた士族の大先輩だ。）として、尊敬を受けるようになりました。

そして、士族とは関係のない人々の間でも尊敬され、人気はたかまりました。徴兵令、地租改正とあいつぐ政策で、自分たちを苦しめ続ける「おかみ」に、抵抗して死んでいった庶民の英雄として。

西郷は士族の延命のために西南戦争を起こし、九州各地の民衆に甚大な損害を与えたのである。また、明治維新の死者三万人のうち半数以上はこの西南戦争による死者である。自分たちを苦しめた政策として徴兵令、地租改正をあげているが、これらの政策は岩倉使節団出発後の留守政府すなわち西郷らによって実施された政策なのである。奄美への処遇などを考えあわせてもその時点での「庶民の英雄」は言い過ぎの感がある。

さらにさかのぼって一九六七年にも財団法人鹿児島育英財団が『鹿児島と明治維新』を刊行している。そこには「西郷、城山の露と消える」の項目がある。征韓論から西南戦争までを扱っているが、西南戦争の記述は熊本城総攻撃、田原坂の戦い、西郷札の発行、城山への帰還が淡々と記述されているだけであり、被害を受けた九州各地の民衆の姿はない。

そして、西郷の最期が次のように描かれる。

西郷たちは、前夜に別れの宴をひらき、きょうを最期と決めていた。西郷は、桐野、村田ら四〇人余りとともに、どうくつを出て岩崎谷をおりていった。谷の出口近くに来たとき、弾があたった。「晋どん、晋どん、もうここでよか。」西郷は、東の方へ向かって、深く頭を下げた。別府晋介の刀がひらめき、一代の英雄も、あわれ、城山の露と消え去った。ときに四九歳であった。

講談調・劇画調の文章であり、西郷の最期を劇的に伝えようとしているのがよくわかる。もし、これらの副読本を使って授業をしたとすれば、日中戦争やアジア・太平洋戦争において「被害者の視点」なしで授業をすることと同じではないだろうか。「被害」の側に身を置くということは「他人の痛みを感じる」ということである。「郷土の誇り」が重視されるあまり、「他人の痛みを感じる」という視点が欠けてはならないと考える。

現在、全国各地で行われているかもしれない「郷土の偉人」の神格化作業につきまとう大きな危険であると指摘しておきたい。

郷中《ごじゅう》教育の再評価!?

一〇年ほど前に、ある小学校の研究公開の成果発表の場に参加したことがある。研究公開のテーマは「現代の郷中教育」であった。「郷中教育」とは薩摩藩時代に行われていた武士に対する独特の青少年教育法である。郷中というのは地域ごとの結社である。その中の男子を年齢ごとに「稚児《ちご》組（六〜一四、五歳）」「二才《にせ》組（一四、五〜二四、五歳）」「長老《おせ》組（二四、五歳〜）」に分けて、郷中の屋敷に集まり文武の鍛錬をしたといわれている。江戸時代の武士の郷中教育を現代に生かそうという視点で異年齢集団の交流などを進めているものであった。

私は、いの一番に意見を述べた。

「郷中教育は、武士の教育である。一〇〇％のうち二六％ほどの武士の教育である。その他の庶民には全くといってよいほど薩摩藩は教育を施さなかった。また郷中教育の実態がどうであったかはまだ専門家の見解も一致していない。そのような状況にある中、公教育の中において研究テーマにしてよいのか」

返答は市の教育委員会の指導主事が行った。

「山元先生のおっしゃる通りかもしれません。しかし、これは市長が進めている施策のひとつです。市民の選挙で選ばれた市長に従うのは民主主義のルールではありませんか」

会場にはその返答にうなずく教師も多かった。

戦後の鹿児島県教育界に重きを成した村野守治（筆者註―高校長、鹿児島女子短大教授、鹿児島県文化財保護審議委員などを歴任）は一九四四年六月発行の雑誌『少国民文化』の中で「薩藩の郷中教育」と題して次のように述べている。

郷中教育の目的とする所は武士道の修養と強兵への錬成であった。米英の物量を恃《たの》む重圧をはねのけて現在の難局を打開し、大東亜戦争を完遂するために青少年学徒に要請されている事は同じく強兵への道である。時代は変わり社会組織は異なるであろうが、明治維新において輝かしい成果をあげた郷中教育から我々はいかなる点を採用すべきであろうか。

先日郷里鹿児島の友人からの手紙によれば、鹿児島においては真剣に郷中教育に注目が向けられ、いかにして郷中の精神を現在の時局に即応させるかに就いて真剣な研究が始められているという。私は、郷中教育のよき伝統を全日本の学校青少年団の組織に復活させる時期は現在であり、それが又我々の重要な課題であることを痛感するのである。

私は、郷中教育を進めたい人にはこの文章をかみしめてもらいたい。一九四四年六月の時点で「強兵」のために必要とされた教育がなぜ今も必要なのかを……。

いつまで続く「武の国薩摩」

大手新聞社の鹿児島支局にいたある記者から「鹿児島の人は今でも殿様が好き」という言葉を聞いたことがある。その新聞は「薩摩の殿」という連載をしており、後にそれが単行本化もされた。ある私立学校の社会科教師からは「鹿児島の人たちは今でも島津、島津という。私は佐賀だが、鍋島なんて言うことはほとんどない」という言葉も聞いた。

私は、西郷の神格化を支えているのは「武の国薩摩」という土地柄だと思っている。藩内の人口の三割近くを占め、明治期日本全国の一割を占めた薩摩武士の存在がいまだに大きいのではないか。言うまでもなく、西郷は薩摩武士の恩人である。薩摩武士の窮状を憂えて私学校を設立し、その鬱屈した不満を西南戦争という形で爆発させ、自分自身も薩摩武士とともに死んだ。

西南戦争に敗れて多くの薩摩武士が死んだのは確かだが、政府軍側で戦い生き残った者たちは海軍を中心に軍部内に「薩摩閥」を作るにいたった。

鹿児島においても、生き残った薩摩武士たちは警察、教師というような形で引き続き官吏となった。また、もともと地方の郷士たちは農作業もしていたので土地を所有していた。地租改正後も、武士はそのまま地主として鹿児島の有力者として存在し続けたのである。

庶民の教育は不要？

鹿児島県が明治維新一五〇周年記念事業として刊行した副読本に『明治維新と郷土の人々』がある。明治維新期に武士だけでなく女性、庶民、奄美などに目を向け「鹿児島のすべての人々にとっての明治維新とは何だったのか」がつかめるような内容になっている。

その中に全く違った角度から「武の国薩摩」を思わせる記述がある。それは、「庶民の教育」の項目にあったもので「藩として庶民に教育を行う制度はなかった」という記述である。私塾や寺子屋などはきわめて少なかったということであり、他藩にあるように武士以外の優秀な者を藩校に入学させる制度もなかった。庶民の教育は「禁止ではなく自由に任せていた」とあるが、特に何もしなかったということに変わりはない。明治になり学制が始まった時、鹿児島の就学率はわずか七％であり全国最下位であった。これは、女性になるとさらに少なくなり、女子の就学率はわずか〇・五％であった。もちろん全国最下位である。明治維新をなしとげた雄藩と誇りながらも、江戸時代以来庶民の教育にはほとんど関心がなく制度も整っていなかった。

このことについて、鹿児島の歴史学者中村明蔵は「強制された無知蒙昧《むちもうまい》」と表現し、次のように述べている。

彼ら（筆者註―郷士）はまた、各在所で農民を直接的に支配する存在でもあった。租税は収穫の八割（八公二民）、公役（筆者註―労役）のごときは「月三五日」といわれたように、想像を絶する過酷な負担を強いられていたが、これをともかくも可能にしたのは、ほかならぬ郷士制度である。農民の側からいえば、土着の郷士団をとおして絶えず苛斂誅求《かれんちゅうきゅう》（筆者註―情け容赦なく税を取り立てること）の対象であることを強制されたのであり、文字通り「依（由）らしむべし、知らしむべし」（著者註―庶民は決まりに従わせておけばよいもので、その意義や道理を理解させる必要はないの意）を地で行く、無知蒙昧の民であるほかはなかった。要するに寺子屋教育を享受する「カネ」や「ヒマ」など、そもそもありえなかったというわけである。
（中村明蔵『薩摩民衆支配の構造』南方新社、二〇〇〇年）

中村によれば、他の藩は、自治的村落経営が普通であったが、薩摩藩の農民は、県内一一三カ所の外城《とじょう》を中心に集住する郷士たちの指示に従って年貢・夫役などを負担し、耕作から日常生活にいたるまでその監視下にあったため、郷士支配下の農民は自律的に行動する余地はほとんどなく、他律的に行動するようにし向けられていたという。それは「収穫量の増大」や「富の蓄積」といった農民の計画性・創造性を奪うことにもなった。それが、寺子屋の設立が全国の最下位にあったこととつながっている（海原徹『近世の学校と教育』思文閣、一九八八年）。

中村は「農民を無知蒙昧にしておくことが為政者としては好都合」であったと結論づけている。これは、薩摩藩に一揆が少なかったこととも関係している。郷士支配と「無知蒙昧」政策により薩摩藩における一揆は、前述したように未遂に終わった加世田一揆（一八五八年）と奄美の「母間騒動」（一八一六年）「犬田布騒動」（一八六二年）などに限られる（五二ページ参照)。もっとも、奄美の場合、郷士支配が本土ほど組織的に行われていないことを考えると、一揆が起きる可能性がまだあったということであろうか。もっとも、奄美の「苛斂誅求」が本土以上にひどかったということもあるので「我慢の限界」ともいえるであろう。とにかく教育においても「薩摩武士」のための薩摩、鹿児島だったのである。鹿児島に各種学校が設置され始めたのは西南戦争後のことであった。西南戦争が終わるまでは、鹿児島の学校は私学校がすべてであったと言ってよいであろう。そのことについて『明治維新と郷土の人々』には次のような記述がある。

他県では維新から既に二〇数年経っているが、鹿児島県は事実上、一〇数年しか経っていないため、就学率が低い。鹿児島の維新は西南戦争後からと言って良く、それまでは封建制度が続いていた。西南戦争によって、鹿児島の人は世の進歩に遅れたことに気づいた。

その西南戦争を起こしたのは西郷と私学校を中心とする薩摩武士たちである。西南戦争から一四〇年以上経つが、薩摩武士を意識する人たちが西郷の神格化を支えている。そのことは何を物語っているのだろうか。

今も続く伝統行事

鹿児島に今に伝わる伝統行事に「妙円寺詣り」というものがある。関ヶ原の戦いで敗れた島津軍が大将義弘とともに徳川家康の本陣を突っ切って逃げた、いわゆる「島津の退き口」の行為を称える行事である。鹿児島の城下士によって始められたもので鹿児島市と伊集院の徳重神社（筆者註—廃仏毀釈後に妙円寺は徳重神社となった）の往復四〇キロを歩く行事でかつては鎧、甲冑に身を固めて歩いていたといわれ、現在でも地元を中心に鎧、甲冑姿で参加する姿も見られる。「主君の命あればいつでもはせ参じます」の意味合いがあるとされ、「いざ鎌倉」の鹿児島版といって良い行事である。

この行事は地元伊集院にとっては大変重要な行事で、地元の公立の小中学校の児童・生徒は参加を要請（強制）される。島津義弘は鹿児島では西郷に次ぐ偉人の一人である。

鹿児島に伝わる剣術に示現流がある。週末に南洲神社に行くと、道着に身を固めた老若の男性たちが稽古している姿を見かける。これも「薩摩武士」の伝統のひとつである。ただ、ひとつ指摘しておきたいのはこの示現流は、剣道や柔道、空手道、合気道などとは違って「武道」ではない。もちろん稽古している皆さんは「武道」としてやってると思うが、示現流は剣術の一流派であることに間違いない。相手を斬るためにある。その証拠に「欠礼」が許されている。試合の前に頭を下げる義務はないということである。礼をしている間に相手に斬りかかられては困るからである。「勝つか負けるか」ではなく「斬るか斬られるか」がかかった剣術なのである。

だいぶ前に教育関係の学会のオープニングで中学生たちがこの示現流を披露していた。地域の指導者が声をかけていたが、「油断するな。敵は一瞬で攻めてくるぞ」というものであった。

公教育に携わる人間の一人として、学校教育に組み込むには問題があるように思えた。このような伝統行事を受け容れ、継承しているのはやはり鹿児島が「武の国薩摩」だからと考えて良いと思う。

薩摩武士の意識が県民の意識へ

薩摩武士の伝統が鹿児島県民の伝統として受け継がれている状況について、歴史学者の中村明蔵はこう指摘する。

（妙円寺詣りなどの行事は）いずれも武士層の間で受け継がれたもので、武士精神の高揚をはかったものであることは明らかであるが、それらが現在市民化した行事になっているところに、現代的市民意識の一端が読み取れよう。

近代以後、旧郷士層が県政を掌握すると、郷士層に伝承されてきた諸行事・習俗などが、小学校・中学校などの学校行事、あるいは学舎教育を含めた地域の青少年教育に取り入れられ、拡大・普及する傾向をみせはじめた。そのいっぽうで、平民の士族意識への上昇・同化現象も徐々に進行したと見られる。

明治以後、士族と平民は内では反目しながらも、外には団結してあたる、というのが近世鹿児島の住民意識であり、行動の基底にあったと思われるが、その一部は太平洋戦争後半世紀以上を経た現在も、いまだに余塵をくすぶらせているようである。

（中村明蔵『薩摩民衆支配の構造』南方新社、二〇〇〇年）

鹿児島県民のひとりとして、鹿児島県の教育に携わるひとりとして、私には大変説得力のある言葉である。

三割近くいた薩摩武士のうち西南戦争で多くの者が命を落としたとはいえ、残った者たちは戦後鹿児島県各地の指導層に食い込んでいった。庶民に対する「無知蒙昧」政策もその理由のひとつであろう。そして、学校教育、社会教育を通じて薩摩藩時代の行事や考えを継続させていく。

庶民の側も、それによってかつて支配していた武士層に接近し上昇していったと意識するようになる。それが、薩摩武士の意識を中核とする鹿児島県民意識を形成することにつながったということである。

県外から鹿児島に移住してきた人たちから鹿児島の「いまだ残る封建制」について聞くことは多い。学生時代を京都で過ごした私もそう思うことは多い。ずっと鹿児島で生活している人たちにはあまりピンと来ないのではないかとも思う。

私は、そのようにして広がった県民意識が鹿児島における「西郷隆盛の神格化」を支えているように思えるのである。

「歴史上の人物」を評価するということ

私が三二年前に初任者教員研修を受けた際に郷土教育を担当した講師は言った。

「郷土の良いものを選んで伝えるのが郷土教育である」

私は耳を疑った。何十年か経って「あれは聞き間違いだったかも」と思っていたが、同期採用の教師から「たしかにそう言った」と聞いた。

「良いもの」だけを教えて教育になるのか。それは人物も同じである。歴史上の人物の「良い（と思える）ところ」だけ教えて良いものであろうか。そうなった時点ですでに「歴史上の人物」とは言えないのではないか。

西郷隆盛はまぎれもない「歴史上の人物」である。道徳の教材となるべき逸話、素材、示唆が多くあるであろう。しかし、西郷の死後長い歴史の中で大勢のファンと時局の要請による「神格化」が進み、実像とかけ離れた西郷像が出来上がり、触れにくいものには一切触れないようになってしまったのではないかと危惧している。
西郷もきっと「褒めすぎやっど」と照れ笑いをしているのではないだろうか。

おわりに

高文研の真鍋かおるさんから「西郷隆盛を批判的にとらえる本を書いてみないか」と言われたのはもうずいぶん昔のことであった。おそらく「わかった。考えておく」くらいの適当な返事をしていたのだろうと思う。

そのまま放っておいたら、二〇一七年に再度「ぜひ」とお願いされた。翌年に大河ドラマ「西郷どん」が控えていた状況であったので、その時は「一冊くらい鹿児島から西郷の批判本を出さなきゃ」という思いで引き受けた。

しかし、執筆は遅遅として進まなかった。理由は簡単であった。

「鹿児島の人間が西郷隆盛の批判をして大丈夫だろうか」

という不安からであった。最初に述べたように、鹿児島における西郷隆盛の人気は絶大である。日本全国どこの「郷土の偉人」に比べても「鹿児島の西郷」は別格である。「中央の研究者ならともかく、鹿児島の一中学教師がそんなことをして良いのか！」、実際に何人もの人にそう言われたのも事実である。とりあえず、二〇一八年の夏に初稿を送り、九月には校正が返送されてきたがそこからまた執筆作業が進まなくなった。今度は自分自身の仕事が猛烈に忙しくなったためである。そうこうしているうちに大河ドラマ「西郷どん」も終わってしまった。知り合いには「大河が終わったら編集者からもう書く必要はないと言われるよ」とも言われた。

とにかく、そういう怠け者の私の原稿を、今まで根気強く待ってくれた真鍋さんに心から感謝している。

ただ、「明治維新一五〇年」「西郷どん」は私に数多くの講演、報告の機会を与えてくれた。本書の内容を切り売りしたような話ばかりであったが、意外にも多くの人たちに受け容れてもらったと思っている。そのことから「西郷隆盛の神格化に疑問を感じている人は鹿児島にも結構いるんだな」ということがわかった。

また、ただでさえ多い西郷本に加え、ここ数年さらに多くの西郷本が刊行されたことで私自身は大いに勉強になった。特に家近良樹の『西郷隆盛』には大いに刺激を受けた。

そのような幾多の先人たちの作業がこの本のベースになっていることは間違いない。それにオリジナリティがあるとすれば、教育者としての視点ではないかと思っている。もっと言うと社会科の教師としての視点である。

道徳が教科化されることになった。そこには戦前の修身同様の「偉人」が扱われている。道徳では教科書に掲載された時点で「偉人」として評価されていると言って間違いない。

しかし、社会科という教科は「多面的・多角的に見る」ことが最大の特徴であり、それは人物に関しても同様である。長所と短所、光と影、功と罪という両面から見る必要がある。

豊臣秀吉を考えてみるとわかりやすい。「全国を統一して戦国時代を終わらせた」「百姓から努力と創意工夫で天下人にまでなった」という光の部分と、「キリシタンへの厳しい迫害」や「朝鮮侵略」というその両方をふまえたうえで生徒たちが将来の一市民として自分なりの評価を下す。そういう能力を市民的資質と呼んでいる。「偉人」とされている人物たちも社会科の授業の中では「歴史上の人物」としてそのような評価対象となるのである。

そう考えると西郷隆盛はそういう評価の対象になりにくい存在であった。特に鹿児島ではその「神格化」が進んでおり、批判めいた発言はしにくい「特別な存在」であった。

ただ、本書の中で述べたように、奄美の人々、西南戦争で被害を受けた九州各地の人々など「人の痛み」という視点から考えれば、そういう側面から目をそらしてはいけないのではないかと考えている。

これは、日本全国にいる、いや世界中にいる「偉人」に共通して言えることかもしれない。「〇〇批判」と引きずり下ろしてしまう必要はないが、等身大の実像をきちんと見据えた末で「好き」だったり「嫌い」だったり「どっちでもない」だったりすれば良い。覆い隠してしまうことが一番良くない。そう考える。

本書の刊行に際し、御礼を述べたい人がたくさんいる。長年の研究仲間である新福悦郎《しんぷくえつろう》さん、上猶覚《かみなおさとる》さん、蜂須賀洋一《はちすがよういち》さん。博士論文で多くを教わった萩原和孝《はぎわらかずたか》さん。海の向こうで西郷研究を発表した韓国の友人、李榮眞《イヨンジン》さん。歴史の面白さをいつも教えてくれた永山修一《ながやましゅういち》さん。奄美ではじめて島差別について教えてくれた薗博明《そのひろあき》さん。一番最初に原稿を読み私の原稿の進捗状況を気にかけてくれた妻。

そして、梅野正信《うめのまさのぶ》先生。私が初めて本の原稿を書いたのは『西郷・大久保・東郷の論争点を授業する』（梅野正信・安藤保編著、明治図書、一九九一年）という本であった。この本の執筆陣に加えて下さったのが大学院の恩師梅野先生であった。「西郷、大久保、東郷を多角的な視点で授業しよう」という試みであった。小学校の社会科歴史教科書が人物重視の内容に変わり、その重要人物四二人に西郷、大久保、東郷が含まれることが決まった時であった。その本の「あとがき」に梅野先生は「本書は『批判』の書ではなく『創造』の書であろうとしたことを、理解していただきたい」と書いてあった。

本書も同じく「創造」の書でありたいと考えている。

二〇一九年五月一日

山元　研二

山元 研二（やまもと けんじ）
1964 年、鹿児島県種子島に生まれる。立命館大学文学部史学科日本史専攻卒業、鹿児島大学大学院教育学研究科教科教育専攻社会科教育専修修了。1987 年より鹿児島県公立中学校の社会科教師となり現在に至る。人権教育、平和教育、法教育、郷土教育を研究テーマとしている。
著書（すべて共著）:『教師は何からはじめるべきか』（教育史料出版会）、『実践いじめ授業』『実践ハンセン病授業』（ともにエイデル研究所）、『教科書から消される戦争』（週刊金曜日）、『選択社会科を 10 倍豊かにする授業づくり』（明治図書）、『石碑と銅像で読む近代日本の戦争』（高文研）、『地域の中の軍隊　九州・沖縄編』（吉川弘文館）、『交流史から学ぶ東アジア　食・人・歴史でつくる教材と授業実践』（明石書店）ほか。
論文：「戦後補償問題に関する授業開発の研究―地域から世界を　過去から現在を考える―」「判決書教材を活用した戦後補償の授業―『慰安婦』問題を素材として」（『社会科教育研究』）、「人権教育の視点から考えるハンセン病問題の授業開発」（『学校教育研究』）ほか。

「西郷隆盛」を子どもにどう教えるか

●二〇一九年 六 月二五日――――第一刷発行

著　者／山元 研二

発行所／株式会社 高文研
東京都千代田区神田猿楽町二―一―八
三恵ビル（〒一〇一―〇〇六四）
電話０３＝３２９５＝３４１５
http://www.koubunken.co.jp

印刷・製本／シナノ印刷株式会社

★万一、乱丁・落丁があったときは、送料当方負担でお取りかえいたします。

ISBN978-4-87498-689-9　C0037

◇歴史の真実を探り、日本近代史像をとらえ直す◇

日本は過去とどう向き合ってきたか
山田 朗著 1、700円
日本の極右政治家が批判する〈河野・村山・宮沢〉歴史三談話と靖国問題を考える。

これだけは知っておきたい
日露戦争の真実
山田 朗著 1、400円
軍事史研究の第一人者が日本軍の〈戦略〉〈戦術〉を徹底検証、新たな視点を示す！

石碑と銅像で読む 近代日本の戦争
歴史教育者協議会編 1、600円
幕末からアジア太平洋戦争まで、近代日本の「戦争」を各地に残る石碑や銅像で読み解く。

日本人の明治観をただす
中塚 明著 2、200円
朝鮮の支配をめぐって清国・ロシアと戦った日清／日露戦争における、日本軍の不法行為と、戦史改ざんの事実を明らかにする。

これだけは知っておきたい
日本と韓国・朝鮮の歴史
中塚 明著 1、300円
日朝関係史の第一人者が古代から現代まで基本事項を選んで書き下ろした新しい通史。

司馬遼太郎の歴史観
●その「朝鮮観」と「明治栄光論」を問う
中塚 明著 1、700円
司馬の代表作『坂の上の雲』を通して、日本人の「朝鮮観」を問い直す。

第２版
未来をひらく歴史
■日本 中国 韓国＝共同編集
●東アジア３国の近現代史 1、600円
３国の研究者・教師らが３年の共同作業を経て作り上げた史上初の先駆的歴史書。

日中戦争全史 上
笠原十九司著 2、300円
対華21カ条要求からアジア太平洋戦争敗戦までの全体像を日中欧米の資料を駆使して叙述。

日中戦争全史 下
笠原十九司著 2、300円
これまでの歴史書にない日中全面戦争とアジア太平洋戦争の全体像を描く。

これだけは知っておきたい
近代日本の戦争
梅田 正己著 1、800円
日本近代史を「戦争」の連鎖で叙述した新しい通史。

観光コースでない 沖縄 第四版
新崎盛暉・謝花直美・松元剛他著 1、900円
「見てほしい沖縄」「知ってほしい沖縄」の歴史と現在を第一線の記者と研究者が案内する。

新・沖縄修学旅行
梅田正己・松元剛・目崎茂和著 1、300円
沖縄戦を、基地の島の現実を、また沖縄独特の歴史・自然・文化を豊富な写真で解説。

修学旅行のための沖縄案内
目崎茂和・大城将保著 1、100円
亜熱帯の自然と独自の歴史・文化を持つ沖縄を、元県立博物館長と地理学者が案内する。

ドイツは過去とどう向き合ってきたか
熊谷 徹著 1、400円
「ナチスの歴史」を背負った戦後ドイツの、被害者と周辺国との和解への取り組み。

「慰安婦」問題を子どもにどう教えるか
平井美津子著 1、500円
戦争の実相を伝えたい！「慰安婦」問題に出合った中学教師の20年にわたる実践記録！

※表示価格は本体価格です（このほかに別途、消費税が加算されます）。